J. M. Coetzee, cultivador de palabras

Patricia Álvarez Sánchez

J. M. Coetzee,
cultivador de palabras

Granada, 2024

Colección indexada en la MLA International Bibliography desde 2005

EDITORIAL COMARES

INTERLINGUA

369

Colección fundada por Emilio Ortega Arjonilla y Pedro San Ginés Aguilar

Directores de la colección:
Ana Belén Martínez López - Pedro San Ginés Aguilar

Comité Científico (Asesor):

Esperanza Alarcón Navío Universidad de Granada
Jesús Baigorri Jalón Universidad de Salamanca
Christian Balliu ISTI, Bruxelles
Lorenzo Blini LUSPIO, Roma
Anabel Borja Albí Universitat Jaume I de Castellón
Nicolás A. Campos Plaza Universidad de Murcia
Miguel Á. Candel-Mora Universidad Politécnica de Valencia
Ángela Collados Aís Universidad de Granada
Miguel Duro Moreno Woolf University
Francisco J. García Marcos Universidad de Almería
Gloria Guerrero Ramos Universidad de Málaga
Catalina Jiménez Hurtado Universidad de Granada

Óscar Jiménez Serrano Universidad de Granada
Ángela Larrea Espiral Universidad de Córdoba
Helena Lozano Università di Trieste
Maria Joao Marçalo Universidade de Évora
Francisco Matte Bon Luspio, Roma
José Manuel Muñoz Muñoz Universidad de Córdoba
Antonio Raigón Rodríguez Universidad de Córdoba
Chelo Vargas-Sierra Universidad de Alicante
Mercedes Vella Ramírez Universidad de Córdoba
África Vidal Claramonte Universidad de Salamanca
Gerd Wotjak Universidad de Leipzig

ENVÍO DE PROPUESTAS DE PUBLICACIÓN:

Las propuestas de publicación han de ser remitidas (en archivo adjunto, con formato PDF) a alguna de las siguientes direcciones electrónicas: anabelen.martinez@uco.es, psgines@ugr.es

Antes de aceptar una obra para su publicación en la colección INTERLINGUA, esta habrá de ser sometida a una revisión anónima por pares. Para llevarla a cabo se contará, inicialmente, con los miembros del comité científico asesor. En casos justificados, se acudirá a otros especialistas de reconocido prestigio en la materia objeto de consideración.

Los autores conocerán el resultado de la evaluación previa en un plazo no superior a 60 días. Una vez aceptada la obra para su publicación en INTERLINGUA (o integradas las modificaciones que se hiciesen constar en el resultado de la evaluación), habrán de dirigirse a la Editorial Comares para iniciar el proceso de edición.

Esta obra está parcialmente financiada por el Departamento de Traducción e Interpretación y el Instituto Universitario de Investigación en Igualdad y Género de la Universidad de Málaga.

Fotografía de la cubierta: Olga Kalinina [www.pexels.com]

Polígono Juncaril • C/ Baza, parcela 208 • 18220 Albolote (Granada) • Tlf.: 958 465 382
https://www.comares.com • E-mail: libreriacomares@comares.com
https://www.facebook.com/Comares • https://twitter.com/comareseditor
https://www.instagram.com/editorialcomares

ISBN: 978-84-1369-749-9 • Depósito legal: Gr. 634/2024

Fotocomposición, impresión y encuadernación: COMARES

Agradecimientos

Esta obra no existiría sin el apoyo de algunas personas que me han acompañado antes y durante su realización. Aunque no puedo aquí nombrarlas a todas, me gustaría agradecer el tiempo y el entusiasmo que le han dedicado tantos amigos, amigas y familiares. En especial, a Mayte Díaz Martín por escucharme hablar sobre Coetzee sin pestañear durante los últimos años; a María José Blanco Álvarez por regalar siempre libros e interesarse incansablemente por mi trabajo, a Jesús Bolaño Quintero y a Gema García de Lamo —la persona-libro más hermosa— por la lectura y revisión de algunos de los capítulos y sus valiosos comentarios, y a Svetlana Stefanova Radoulska por todas las conversaciones sobre Coetzee a lo largo de los años. A esto hay que añadir que la investigación realizada para escribir este libro se ha beneficiado del encuentro con Hermann Wittenberg en Ciudad del Cabo en 2018, a quien agradezco su cariñosa acogida, haberme mostrado todos aquellos lugares donde vivió y estudió Coetzee en esa ciudad, y las fotografías que este autor tomó durante su adolescencia.

Además, me gustaría dedicar este libro a mi madre, Ángela Sánchez García, y padre, Carlos Álvarez Valdivielso, por mostrarme cuáles son las cosas importantes en la vida y quererme siempre, a pesar de mis muchos defectos; a mi tía, Carmen Alonso Roberto, el hada que me enseñó que la literatura nos convierte en mejores personas y cuyas conversaciones y luz siguen iluminándome, y a Falk Álvarez Sánchez por escuchar mis lecturas en alto de todos los capítulos y comentarlos, por animarme incansablemente a que escriba y por crear el espacio y el tiempo en nuestra vida común para que este volumen se haya hecho realidad.

Aprovecho la oportunidad para agradecer también el apoyo económico de la Universidad de Málaga para la realización de una estancia de investigación en la Universidad del Cabo Occidental en Ciudad del Cabo, a AEDEAN, que me concedió la Ayuda a la investigación postdoctoral María Teresa Turell, gracias a la cual pude llevar a cabo una investigación en el School of Oriental and African Studies (SOAS) de la

Universidad de Londres, a la *European Society for the Study of English* por la dotación para la obtención de material bibliográfico para parte de esta investigación, y, por último, para la publicación de este libro al Departamento de Traducción e Interpretación de la Universidad de Málaga y al Instituto Universitario de Investigación en Género e Igualdad de la Universidad de Málaga (IGIUMA) que incentiva una mirada igualitaria en muchos aspectos de la vida, objetivo al que también aspira esta obra.

Sumario

CAPÍTULO 4

DISGRACE: EL FRACASO DEL LENGUAJE DEL PRIVILEGIO EN LA SUDÁFRICA DEL *POSTAPARTHEID*

CAPÍTULO 5

THE CHILDHOOD OF JESUS, THE SCHOOLDAYS OF JESUS Y *LA MUERTE DE JESÚS:* EL ELOGIO A LA DANZA Y A LA MÚSICA

Listado de las obras de ficción de Coetzee y sus traducciones al español

1974   *Dusklands*
         Tierras de poniente (2009) por Javier Calvo (trad.)

1977   *In the Heart of the Country*
         En medio de ninguna parte (2003) por Miguel Martínez-Lage (trad.)

1980   *Waiting for the Barbarians*
         Esperando a los bárbaros (1980) por Concha Manella y Luis Martínez Victorio (trads.)

1983   *Life & Times of Michael K*
         Vida y época de Michael K (1987) por Concha Manella (trad.)

1986   *Foe*
         Foe (1988) por Alejandro García Reyes (trad.)

1990   *Age of Iron*
         La Edad de Hierro (2002) por Javier Calvo (trad.)

1994   *The Master of Petersburg*
         El Maestro de Petersburgo (1996) por Miguel Martínez-Lage (trad.)

1997   *Boyhood*
         Infancia (1999) por Juan Bonilla (trad.)

1999   *Disgrace*
         Desgracia (2000) por Miguel Martínez-Lage (trad.)

2002   *The Lives of Animals*
         Las vidas de los animales (2001) por Miguel Martínez-Lage (trad.)

2002   *Youth*
         Juventud (2002) por Cruz Rodríguez Juiz (trad.)

2003   *Elizabeth Costello*
       Elizabeth Costello (2004) por Javier Calvo (trad.)

2005   *Slow Man*
       Hombre Lento (2005) por Javier Calvo (trad.)

2007   *Diary of a Bad Year*
       Diario de un Mal Año (2009) por Jordi Fibla (trad.)

2009   *Summertime*
       Verano (2010) por Jordi Fibla (trad.)

2013   *The Childhood of Jesus*
       La infancia de Jesús (2013) por Miguel Temprano García (trad.)

2014   *Three Stories*
       Tres cuentos (2018) por Marcelo Cohen (trad.)

2016   *The Schooldays of Jesus*
       Los días de Jesús en la escuela (2017) por Javier Calvo (trad.)

Obras que Coetzee publica en su traducción al español primero:

2018   *Siete cuentos morales* por Elena Marengo (trad.),
       de *Moral Tales*

2019   *La muerte de su Jesús* por Elena Marengo (trad.),
       de *The Death of Jesus*

2022   *El polaco* por Mariana Dipómulos (trad.),
       de *The Pole*

Capítulo 1

Introducción: Coetzee, un nuevo Erasmo

En una reseña de *Contra la censura*,
se calificaba a Coetzee como «un nuevo Erasmo».
Ciertamente, Coetzee, con su extraordinario conocimiento
de distintas tradicciones literarias y filosóficas,
su integridad intelectual y su acérrima defensa
del espacio de libertad del individuo,
y su sutil análisis de las encrucijadas éticas
en las que se ve atrapada la persona de conciencia de hoy,
no está lejos del espíritu humanista de Erasmo.

(López Sánchez Vizcaíno 2010, 14)

1. ALCANCE Y RECONOCIMIENTO DE SU OBRA

No resulta tarea fácil resumir el reconocimiento que ha alcanzado la obra de Coetzee, sobre todo, en el mundo de habla inglesa. Además de los numerosos premios que le han otorgado, entre los que destacan el CNA[1], el Premio Letterario Internazionale Mondello, el Premio Feronio Città di Fiano, el Prix Femina Étranger, el Jerusalem Prize for the Freedom of the Individual in Society, el Lannan Literary Award for Fiction, el Irish Time International Fiction Prize y el Overall Commonwealth Writers Prize, Coetzee ha sido investido doctor *honoris causa* por varias universidades; entre otras, la Universidad de Ciudad del Cabo —donde impartió docencia durante décadas—, la Universidad de Rhodes y la Universidad de Kwazulu-Natal en Sudáfrica, la Universidad de Oxford, la Universidad de Nueva York y la Universidad de Texas, donde disfrutó de una beca Fullbright, gracias a la cual elaboró y defendió su tesis doctoral, y cuyo Harry Ransom Humanities Research Centre alberga sus manuscritos originales desde 2010[2]. Fruto de su acercamiento al mundo hispanohablante en los últimos años, son también

---

[1] La sigla CNA se refiere al Central News Agency Literary Award, el galardón literario más importante en Sudáfrica hasta 1996, año en que dejó de otorgarse.

[2] Dicha universidad adquirió 155 cajas que contienen manuscritos, libretas, ensayos, conferencias y cartas de Coetzee a sus editores por la suma de 1,5 millones de dólares (Vertuno 2011).

los doctorados honoríficos de la Universidad Iberoamericana de México, la Universidad Central de Colombia y la Universidad Nacional de San Martín de Argentina.

Desde la publicación de *Disgrace* (1999), el enorme compendio de estudios críticos en forma de ensayos, capítulos, artículos, tesis doctorales, etc. que se dedican a la obra de Coetzee se ha visto incrementado de forma exponencial, también su traducción a otras lenguas[3]. Esta novela lo hizo ganador del Booker por segunda vez[4] —fue el primer escritor que lo recibió en dos ocasiones[5]— y por esta misma obra Javier Marías le otorgó el Premio Reino de Redonda en su primera edición en 2001[6]. En España recibió también el Premi Llibreter por *Age of Iron* (1990) en 2003, otorgado por el Gremi de Llibreters de Catalunya.

En 2003 fue galardonado con el Premio Nobel de Literatura, que lo convirtió en el segundo sudafricano en haberlo recibido[7], tras Nadine Gordimer. La Academia Sueca destacó en su discurso la brillantez y honestidad del autor, así como su conciencia crítica. Por otra parte, aunque las obras de Coetzee no siempre han sido elogiadas ni comprendidas en Sudáfrica, en 2005 recibió la National Order of Mapungubwe, a manos del presidente Thabo Mbeki en Pretoria, el mayor honor que otorga su país natal[8].

Además, algunas de sus novelas han sido llevadas a la gran pantalla. Destaca el intento poco logrado de la versión cinematográfica de *In the Heart of the Country* (1977), *Dust*, que fue dirigida por Marion Hänsel en 1985. El propio Coetzee había elaborado un guion para la obra en 1982, pero este no se publicó hasta 2014[9], por lo

---

[3]   Según J. C. Kannemeyer (2013, 491), las novelas de Coetzee comenzaron a traducirse en los años 80 del siglo pasado, pero las versiones en otras lenguas proliferaron en los 90 cuando sus libros estuvieron disponibles, por primera vez, en el mercado europeo en lenguas como el islandés, el catalán, el portugués, el ruso y el esloveno, entre otras.

[4]   La primera fue por *Life & Times of Michael K* (1983). Además, *Elizabeth Costello* (2003), *Slow Man* (2005), *Summertime* (2009) y *The Schooldays of Jesus* (2016) quedaron finalistas.

[5]   Le siguieron Peter Carey y Hilary Mantel.

[6]   Creado por el propio Marías, el premio reconocía la obra de escritores extranjeros, con alguna vinculación y/o conocimientos de la lengua española, y les otorgaba, simbólicamente, un ducado en su Reino de Redonda. Coetzee fue así proclamado Duque de la Deshonra por su novela *Disgrace*.

[7]   Aunque Coetzee es sudafricano de nacimiento, adquirió la nacionalidad australiana en 2006.

[8]   Coetzee recogió el premio personalmente, un gesto sorprendente teniendo en cuenta su reticencia a participar en ceremonias de este tipo y, sobre todo, que el sucesor de Mandela lo había tachado de racista tras la publicación de *Disgrace*, acusaciones de las que nunca se ha retractado.

[9]   Hermann Wittenberg elogia la transición de las escenas en el guión y señala las diferencias con la versión de la directora belga en su introducción a *Two Screenplays*: «The screenplay for *In the Heart of the Country*, which was completed in 1982, is a pared down, beautifully taut version of the novel, written with a sure sense of pace and scene transition. Coetzee's adaptation of his 1977 novel would likely have been a shorter, art-house film performed by an ensemble cast of actors. The film required an avant-garde, non-realist cinematography with lengthy silent sequences and extensive use of voice-over narration. The experimental aesthetic of Coetzee's imagined film is radically different to the version which the Belgian filmmaker Marion Hänsel eventually produced as *Dust* in 1985» (2014, 1).

que la directora no tuvo ocasión de consultarlo. Proyectos más ambiciosos y taquilleros son *Disgrace* (2008), película australiana dirigida por Steve Jacobs y protagonizada por John Malkovich —que fue bien recibida por la crítica y obtuvo el Prize of the International Critics en el Festival Internacional de Cine de Toronto— y *Waiting for the Barbarians* (2019), con Ciro Guerra en la dirección, y protagonizada por Johnny Depp, Mark Rylance y Robert Pattinson, que no recibió muy buenas críticas.

Menos comercial pero más fiel al original es la versión homónima de *The Lives of Animals* (1999), cuidadosamente dirigida por Alex Harvey en 2002 y nominada a un Emmy. El filme cuenta con las interpretaciones de una muy convincente Eileen Atkins, como Elizabeth Costello, y de Paul Rhys, en el papel de su hijo. Cabe destacar que el cortometraje logra trasladarnos a la inusual relación que existe entre ambos y al claustrofóbio ambiente que se describe en el relato.

En cuanto a las adaptaciones musicales y teatrales, es reseñable que Jeannette Ginslov estrenó la puesta en escena de *In the Heart of the Country* (1977) en el Grahamstown Arts Festival (Sudáfrica) en 1998, bajo el título *Hinterland*, y otra versión titulada *Writing with Stones* fue presentada en el Arts Alive Festival de Johannesburgo en 2006 (Coetzee y Wittenberg 2014, 16). Además, Philip Glass convirtió *Waiting for the Barbarians* (1980) en una ópera que se estrenó en Erfurt (Alemania) en 2005 y Alexandre Marine adaptó esta misma novela al teatro y la presentó en Ciudad del Cabo en 2012. Por otra parte, *Life & Times of Michael K* (1983) fue transformada en un espectáculo de marionetas para adultos por Lara Foot y la Handspring Puppet Company de Sudáfrica en 2021[10] y *Slow Man* (2005) en una ópera por el compositor Nicholas Lens —que escribió el libreto junto a Coetzee— y que se estrenó en 2012 en el Festival de Malta en Poznań (Polonia). Recientemente, *The Lives of Animals* ha sido llevada al teatro bajo la dirección de Pepa Gamboa y escenificada con el título *Sobre la vida de los animales* en el Teatro Español de Madrid entre 2022 y 2023[11].

Imagen 1. *Moneda en homenaje a Coetzee*

[10] Este espectáculo ha recorrido varios países, entre ellos, Alemania, EE. UU. y Escocia.
[11] Para más detalles sobre esta representación, ver: <https://teatromadrid.com/espectaculo/sobre-la-vida-de-los-animales>.

Además de este compendio de premios y reconocimientos, en 2011 Sudáfrica homenajeó a Coetzee acuñando dos monedas con su rostro —una en oro y otra en plata— y las últimas líneas de *Life & Times of Michael K* (1983), que rezan: «He would lower the teaspoon down the shaft deep into the earth and when he brought it up there would be water in the bowl of the spoon and in that way, he would say, one can live». En el reverso, aparece una *protea cynaroides* —la flor nacional de Sudáfrica[12]—, símbolo relevante si tenemos en cuenta el protagonismo que gana la naturaleza en la obra de Coetzee.

En 2013 la Unión Astronómica Internacional nombró Coetzee al asteroide 216591, descubierto por Gianluca Masi, en honor a su carrera. Pocos años más tarde y con motivo de su octogésimo cumpleaños, David Atwell y Kai Easton organizaron *Scenes from the South* (2020), una exposición itinerante compuesta por materiales del Ransom Humanities Research Center y el Amazwi South African Museum of Literature en Makhanda (anteriormente llamado Museum of Grahamstown, Sudáfrica), y su pareja, Dorothy Driver[13], editó *A Book of Friends. In Honour of J. M. Coetzee on his 80th Birthday*, una compilación de ensayos, poemas y fotografías de amigos y escritores contemporáneos como Paul Auster, Siri Hustvedt y Zoë Wicomb. Pocos autores han recibido en vida un reconocimiento similar.

2. LITERATURA REIVINDICATIVA DE LA POSTMODERNIDAD

Coetzee se ha convertido, indiscutiblemente, en uno de los escritores más ilustres de la literatura contemporánea en inglés y en un cultivador de palabras[14]. Difícilmente etiquetable y, sin embargo, partícipe de las corrientes culturales más relevantes de las últimas décadas, sus obras tempranas nos ayudan a comprender la caleidoscópica sociedad de Sudáfrica. Además, el conjunto de su narrativa trasciende las fronteras de su país natal y nos brinda la posibilidad de adentrarnos en el enmarañado laberinto de la naturaleza humana. No es baladí que nos ofrezca un enjambre de preguntas y un sutil dibujo de diferentes jerarquías de poder y de abuso; de hecho, su obra muestra una constante búsqueda de relaciones recíprocas —y de formas de expresión fuera de un lenguaje que persevera esas jerarquías— y, al mismo tiempo, se compagina con ilustraciones de asombrosas formas de resistencia ante todo tipo de debacles. Seguramente, uno de los mejores ejemplos de resistencia sea su personaje Michael K en *Life & Times of Michael K* (1983), quien se convierte en jardinero al parapetarse en una granja abandonada para evitar su participación en una guerra civil y encuentra así su felicidad, aislado de un mundo que pretende apropiarse de su fuerza y sus pensamientos. Con este y otros ejemplos, Coetzee dibuja una aspiración ética en la que la esencia del ser humano, en ocasiones oscura, nos deja vislumbrar cierta esperanza si somos capaces de esbozar

---

[12]   Una fotografía de la protea cynaroides y un bordado que la representa aparecen en la cubierta de este volumen.

[13]   Driver es profesora emérita de la Universidad de Ciudad del Cabo.

[14]   No en vano dicha expresión da título a esta obra.

una sociedad alejada de la dialéctica hegeliana y el racionalismo cartesiano. En este universo narrativo, el amor, la compasión y el respeto en todas sus variantes —hacia los seres humanos desfavorecidos, los animales y la naturaleza— ocupan un espacio muy relevante porque es la única forma de acercarse al Otro en términos levinasianos, aunque la crítica se haya enfocado más en analizar el desarraigo, el aislamiento y la soledad de muchos de sus personajes, imbricados en sociedades desiguales por excelencia.

En este sentido, es cierto que una de las características más relevantes de sus novelas es que forman parte de una literatura sudafricana reivindicativa —y, en ocasiones, incómoda— que denuncia la desigualdad. No obstante, existen muchas diferencias con otros autores contemporáneos consagrados. Argumenta Elizabeth Lowry, por ejemplo, que la mayoría de los escritores de ficción sudafricanos —ella se refiere específicamente a Olive Schreiner[15], André Brink y Nadine Gordimer— se expresan desde el realismo como punto de partida para criticar el sistema político que institucionaliza la asimetría y marginalización económicas y sociales de su país (1999, 12). Como modelos sudafricanos cuentan con la novela pastoral (el *plaasroman*), la literatura confesional, ensayos periodísticos y el realismo social «à la Lukács» (Chivite de León 2008, 186). Para ellos, esta corriente literaria es la única posibilidad para reflejar la situación de forma veraz y objetiva. Sin embargo, Coetzee menciona en su discurso al recibir el Premio Jerusalén:

> South African literature is a literature in bondage, as it reveals in even its highest moments, shot through as they are with feelings of homelessness and yearnings for a nameless liberation. It is less than fully human literature, unnaturally preoccupied with power and the torsions of power, unable to move from elementary relations of contestation, domination, and subjugation to the vast and complex human world that lies beyond them. It is exactly the kind of literature you would expect people to write from prison. (1992, 98)

En consecuencia, se inspira en paradigmas artísticos modernos y postmodernos —también en la lingüística— en su creación literaria, alejándose así del realismo de denuncia de otros autores coetáneos. Según él ha señalado en varias ocasiones, rechaza esta tendencia literaria por ser heredera de unas estructuras socioeconómicas e ideológicas occidentales que desea cuestionar. Además, uno de los rasgos más notables es su crítica a que sus obras de ficción sean interpretadas como fiel reflejo de la realidad, es decir, como una prolongación del momento en el que fueron escritas —y, por extensión, de algunos acontecimientos históricos—. De esto da fe su artículo «The Novel Today» (1988), donde explora dos posibles acercamientos al mundo narrativo como escritor: aquel en el que la novela da fe del discurso histórico y lo complementa, y otro en el que es independiente de él como obra creativa. Coetzee defiende la segunda opción y su independencia como escritor.

---

[15]   Las obras de esta autora sudafricana feminista, que vivió entre 1855 y 1920, son también una influencia en, al menos, *In the Heart of the Country* (1977).

Debido a la complejidad técnica y temática de sus novelas, algunos autores —como Gordimer[16]— le han recriminado cierto ensimismamiento estético y falta de crítica social. Señala, por ejemplo, María José Chivite de León que «Coetzee ha sido objeto de serias descalificaciones por parte de la izquierda liberal, que le reprocha un posicionamiento político y artístico tachado de esteticista, socialmente estéril e irresponsable ante la dramática situación nacional» (2008, 185). Sin embargo, como autor comprometido, revela y enfatiza el tormento causado por el régimen totalitario del *apartheid* en sus primeras obras, aunque sus novelas sean, en gran parte, alegorías de situaciones de desamparo que se repiten en todas las sociedades y épocas. De ellas se deduce el desprecio absoluto hacia el racismo y hacia el sistema político que lo legaliza e institucionaliza. Se critican asimismo los callejones sin salida que ofrece la realidad sudafricana, un país moderno, polifónico y contradictorio que, a pesar de los grandes avances sociales que ha experimentado en los últimos años, continúa siendo un lugar donde reinan grandes desigualdades. Además, Coetzee no se limita a denunciar esta situación, sino que interroga qué marcos sociales y políticos la legitiman; cuestiona también nuestra *privilegiada* existencia como lectores y nos invita a reflexionar sobre ella. No es fácil leer las novelas coetzianas porque incluso la persona más inocente verá cuestionada su integridad. Si en todas sus obras subyace una constante, es esta una invitación a convertirnos en ciudadanos responsables desde un punto de vista ético y un apremio a reconstruirnos como personas críticas respecto a las estructuras sociales e ideológicas en las que estamos inmersos.

Por otro lado, aunque Derek Attridge señale que la obra de Coetzee debería ser considerada un ejemplo de modernismo tardío o neomodernismo[17], ya que en ella encontramos influencias de Franz Kafka y Samuel Beckett, y no de Thomas Pynchon o John Barth (2004, 2), lo cierto es que la mayor parte de la crítica la sitúa en el postmodernismo[18]. Linda Hutcheon así lo menciona en varias ocasiones (1998, 77-78, 107-108 y 150; y 1989, 52 y 76), aludiendo precisamente a la dificultad que muestran sus novelas de dar cuenta de la verdad en sentido histórico. Paula Martín Salván lo encasilla en este movimiento en su artículo «*En medio de ninguna parte*: J. M. Coetzee como autor postmodernista» (2010) y Svetlana Stefanova Radoulska también defiende esta interpretación, dado que enzafatiza que sus textos socavan la creencia de que la narrativa pueda representar la realidad de forma objetiva (2015, 184). Otro de los grandes críticos de la obra coetziana, David Attwell[19], explica que, aunque la obra de Coetzee tome como inspiración el legado literario del modernismo, su genialidad consiste en poner

---

[16]   Especialmente en su artículo «The Idea of Gardening» (1984), en el que Gordimer critica *Life & Times of Michael K*.

[17]   Aunque mencione asimismo que ninguna de estas dos denominaciones le complace del todo.

[18]   Dominic Head afirma incluso que: «It is sometimes said that postmodernism arrived in Africa with the publication, in 1974, of *Dusklands*, Coetzee's first novel» (2009, ix).

[19]   Attwell fue estudiante de Coetzee en la Universidad de Ciudad del Cabo.

a prueba las tradiciones europeas en la arquitectura literaria sudafricana (1993, 20). Señala, además, que considerarlo modernista no explicaría su participación en algunas de las nuevas formas de novela, que se abrieron paso a partir del *nouveau roman* para servir como respuesta al estado moral producido por la opresión en Sudáfrica (1993, 21). En cualquier caso, la distinción es compleja porque hay varias lecturas posibles de su narrativa. Sin embargo, nos parece acertado considerar a Coetzee un autor postmoderno, puesto que encontramos en sus obras muchas características que así lo demuestran, especialmente el uso de recursos antirrealistas, la multiplicidad de perspectivas, la intertextualidad como herramienta revisionista, la exaltación de lo irracional y la tendencia a la metaficción.

De hecho, sus personajes explican, de diferentes maneras, que no pueden servirse de la razón para comprender el mundo en el que viven y representan un rechazo de algunas ideas ilustradas tales como los conocidos preceptos cartesianos del «Cogito, ergo sum». A modo de ejemplo, Magda (protagonista de *In the Heart of the Country*) declara haciéndose eco de esta expresión: «I live, I suffer, I am here» (1977, 3), exaltando el experiencialismo como medio del conocimiento. Si vivimos, es porque somos un cuerpo que experimenta y sufre a través de los sentidos.

En esta línea, otro de sus logros es el minucioso retrato de los mecanismos psicológicos que desarrollan los personajes para sobrevivir las circunstancias sociales más extremas de guerra, racismo, violencia, enfermedad y aislamiento, mecanismos que pueden parecer ilógicos y que suelen estar vinculados a un momento de revelación, que pone al descubierto la limitada capacidad de nuestra razón para gobernar nuestras vidas. En particular, una de las figuras más poderosas de alteridad de Coetzee, Michael K en *Life & Times of Michael K* (1983), se parapeta en una casa abandonada, donde medita y practica, a través del cultivo de un pequeño jardín, una economía de subsistencia que bien puede interpretarse como una respuesta a la voraz explotación de recursos del capitalismo. De esta manera, es capaz de encontrar un hueco en los márgenes de la sociedad, pero en ese afán de no participar en las jerarquías de poder, se niega asimismo a ingerir alimento durante semanas, poniendo su vida en peligro. Otro ejemplo es el de la Sra. Curren en *Age of Iron* (1990), una anciana enferma que vive en primera persona una ola de desbocada violencia en su ciudad y que se empecina en narrar los últimos meses de su vida en una larga carta que difícilmente llegará a su hija tras su muerte, aunque esta sea su intención. La Sra. Curren toma la decisión más irracional cuando decide confiar a un vagabundo abúlico, a quien apenas conoce, el Sr. Vercueil, el envío de esta carta a EE. UU., país a donde su hija emigró hace años.

Por otra parte, *Disgrace* (1999) —novela que analizamos en el capítulo 4— comienza con la descripción del narcisista David Lurie, profesor de poesía romántica en la Universidad Técnica del Cabo. Caracterizado como un servidor de los dictados de sus apetitos sexuales —«a servant of Eros» (1999, 52)—, fuerza a una de sus alumnas a mantener una relación con él y es expulsado de la universidad cuando ella lo denuncia. Lurie se retira a la pequeña propiedad de su hija en el campo, donde ambos son asaltados y ella es violada por tres desconocidos. El protagonista, que justifica sus desafortunados actos de abuso hacia las mujeres argumentando que su temperamento es inalterable, y que es incapaz de ponerse en el lugar de su hija, aprende a aceptar su vergonzosa existencia cuando toma conciencia del sufrimiento de los animales que comienza a cuidar y en relación con la música; por tanto, la novela parece albergar la esperanza de que los seres humanos «can awaken from their moral immaturity» (Woessner 2010, 238).

Estos son ejemplos de cómo muchos de los protagonistas coetzianos son llevados a los límites de la razón por acontecimientos inesperados. En sus tres últimas novelas, *The Childhood of Jesus* (2013), *The Schooldays of Jesus* (2016) y *La muerte de Jesús* (2019)[20], Coetzee vuelve a acercarse a esta idea, pero desde una perspectiva totalmente distinta, creando un lugar donde no hay, aparentemente, poder ni jerarquías de ningún tipo. En ellas, un inteligente niño llamado David es incapaz de comprender los números como parte de un sistema matemático que representa la realidad y los baila para comunicarse así con el universo. De esta manera, el énfasis en lo irracional sigue incluso más presente en estas últimas obras, que indagan en otras temáticas de corte más filosófico[21], y que examinaremos en el último capítulo de este libro.

Además, sus escritos también ponen en entredicho la historia que se nos ha contado. Por ejemplo, algunos de los fragmentos de *Dusklands* (1974) y de *In the Heart of the Country* (1977) son narrados desde diferentes puntos de vista y muestran así el poder de aquel que escribe. Por una parte, el personaje de Coetzee en «The Narrative of Jacobus Coetzee» (1974) —segundo relato de *Dusklands*[22]— traduce y reescribe de forma poco fidedigna la historia sobre su antepasado Jacobus Coetzee, y cuenta que su sirviente, Klawer, muere ahogado en un río. Sin embargo, explica más tarde su desaparición

---

[20]   Se menciona en español porque esta fue la lengua en la que se publicó primero por deseo del autor.

[21]   Ver el artículo «The Limits of Reason in J.M. Coetzee's *The Schooldays of Jesus*» (2019) de Patricia Álvarez Sánchez.

[22]   Compuesta por dos relatos, «The Vietnam Project» y «The Narrative of Jacobus Coetzee», sus argumentos nos transportan a paisajes lejanos: la guerra del Vietnam y a la Sudáfrica de los siglos XVII y XVIII. A pesar de la distancia geográfica y temporal, ambos coinciden en mostrar las devastadoras consecuencias del colonialismo. En la primera parte, inspirada en los archivos de los viajeros a Sudáfrica, se narra el viaje de Jacobus, quien conoce a la tribu Nama durante una expedición y se ve obligado a permanecer junto a ellos por enfermedad. Este grupo de nómadas lo colma de atenciones hasta que se ven obligados a pedirle que abandone su asentamiento por haber participado en una pelea y Jacobus, profundamente resentido, organiza una masacre y asesina a toda la tribu. Por otra parte, «The Vietnam Project» cuenta la progresiva enajenación de un funcionario del Departamento de Defensa del Gobierno Estadounidense, implicado en la guerra de Vietnam, y las terribles y devastadoras consecuencias para aquellos que lo rodean. Su protagonista, Eugene Dawn, tiene como trabajo la elaboración de informes psicológicos sobre la guerra y lleva consigo fotos reales de la estremecedora violencia en Vietnam. Decepcionado consigo mismo por no ser capaz de tomar las riendas de su vida y salvar su matrimonio, da un giro a su existencia que tendrá graves consecuencias para su familia. Aunque de diferente formato geográfico y temporal, ambos relatos tempranos suponen un diálogo sobre los orígenes del genocidio y otras cuestiones éticas, y conectan la dominación afrikáner de Sudáfrica y la guerra imperialista en Vietnam.

cuando menciona que J. Coetzee lo había abandonado al estar este enfermo y niega así la primera versión de la historia[23]. En este sentido, Teresa Dovey defiende que:

> In *Dusklands* repetitions is adopted as a strategy, a strategy of subversion which, while the novel participates in the discursive field of historiography, allows it at the same time to deconstruct certain assumptions implicit in alternative historiographical methods, amongst these the concept of history itself. (1987, 17)

Por otra, *In the Heart of the Country*, novela que destaca por su aparente falta de coherencia narrativa, cuenta también la violación de Magda, su protagonista, de diferentes maneras. Si la historia pretende ser fiel a los acontecimientos, debemos aproximarnos a ella con cierto recelo, ya que el texto histórico es, al fin y al cabo, un acercamiento parcial a lo que ocurrió, una reescritura de la realidad. De esta forma, Coetzee se aleja de la visión clásica de la historia y enfatiza que los textos históricos ya no nos sirven para orientarnos, para saber quiénes somos porque son narraciones donde se han privilegiado unas partes sobre otras. Este cuestionamiento de la veracidad de la historia aparece repetidamente en su obra y encuentra un paralelismo en su deseo de mostrar que el narrador tampoco es una fuente de conocimiento absoluto y objetivo en cuanto al argumento y a la caracterización de los personajes. Por ejemplo, esto es evidente en la discrepancia entre la insistencia de la intrépida Susan, la protagonista de *Foe* (1986), en que se narren sus hazañas como primera náufraga de la historia y en la negativa del escritor, el Sr. Foe —no es casualidad que *foe* signifique *enemigo* en inglés—, que va transformándolas para exaltar otros aspectos que son, en su opinión, más interesantes para los lectores de la época. No en vano, Susan comienza a desaparecer del relato y se convierte en una figura fantasmagórica a medida que Foe, su narrador, tergiversa su historia. Ejemplo de esta manipulación es también el argumento *Slow Man* (2005)[24], cuyo protagonista, Paul Rayment, es acosado reiteradamente por Elizabeth Costello,

---

[23]   María Jesús López Sánchez Vizcaíno señala las múltiples incongruencias entre los relatos de ambos en su artículo «"Their Travels Were Real Travels": History and Fiction in J.M. Coetzee's "The Narrative of Jacobus Coetzee" and in European Exploration Narratives in Southern Africa» (2014).

[24]   *Slow Man* está protagonizada por Paul Rayment, un hombre sexagenario que sufre las devastadoras consecuencias de un trágico accidente cuando va en su bicicleta a hacer unas compras y es abatido por un joven irresponsable que conduce una furgoneta —señala Socorro Suárez Lafuente que este suceso es una metáfora de la imposibilidad de evitar la violencia, ya que «el mal está incardinado en la sociedad misma» (2008, 53)—. A consecuencia de sus lesiones, se ve obligado a contratar a una enfermera, Marijana, de quien se enamora. Paradójicamente, Paul gana autonomía al asumir el papel de cuidador de esta mujer y sus hijos, que parece necesitar más ayuda que él mismo, de forma que acaba involucrándose en sus numerosos problemas y rescatándolos de muchos oscuros incidentes, en un gesto de amor desinteresado. En medio de esta trama, es importunado por la grotesca escritora Elizabeth Costello, que se entromete en todos sus asuntos y parece conocer todos sus pensamientos e incluso información que él ignora sobre Marijana o su familia, y lo acosa para que salga de su ensimismamiento. Elizabeth trata de dar riendas a su vida como si fuera un personaje de una novela que ella escribe. Además de la obvia relación metaficcional entre los personajes,

la escritora que le da vida como personaje, para que lleve a cabo ciertas acciones sin tener en cuenta su carácter ni pretensiones.

Por otro lado, Coetzee ha contribuido al desarrollo de la narrativa de finales del siglo XX y principios del XXI, importando cuestiones y revisiones literarias que constituyen una ruptura con convenciones narrativas anteriores y que son muestra de una constante búsqueda de innovación técnica y temática[25]. Por ejemplo, *Diary of a Bad Year* (2007) nos sorprende por la disposición de las tres historias que en ella se narran y que se presentan en tres franjas horizontales a lo largo de todo el libro. En la primera aparecen los ensayos intelectuales que escribe el Señor C, opiniones contundentes sobre diversos temas; en la segunda se explican los pormenores de su día a día, en especial, su relación con una joven que mecanografía sus escritos, cuyas aventuras se relatan en la última franja de cada página. Según Daniel Whatley, las tres secciones —separadas por una línea horizontal— se asemejan visualmente a las partes de una partitura que estaría compuesta por las notas de los instrumentos de viento en el primer fragmento, las de cuerda en el segundo y las de percusión en el último. Además, la estructura y el argumento de sus 21 obras de ficción difieren tanto entre ellas que, en algunos casos, bien podrían haber sido escritas por diferentes autores[26].

Por otra parte, entre sus logros se encuentran también algunas traducciones del afrikáans y el neerlandés al inglés, como *A Posthumous Confession* (2011) de Marcellus Emants; *Landscape with Rowers: Poetry from the Netherlands* (2003), una antología de la poesía de seis poetas holandeses; y *The Expedition to the Baobab Tree* (1983) de Wilma

---

la novela trata el tema de la senectud y el dolor, pero también el lenguaje a través de la fotografía que relata historias del pasado.

[25] En una entrevista concedida al escritor Luis Fernando Afanador, antes de participar en un seminario en su honor en la Universidad de Bogotá en abril 2013, Coetzee reitera que es absolutamente necesario cuestionar y renovar la novela y los géneros literarios para que estos sigan vivos.

[26] Coetzee ha publicado, hasta el momento, 18 obras de ficción y tres autobiografías ficcionalizadas, que se detallan a continuación: *Dusklands* (1974), *In the Heart of the Country* (1977), *Waiting for the Barbarians* (1980), *Life & Times of Michael K* (1983), *Foe* (1986), *Age of Iron* (1990), *The Master of Petersburg* (1994), *Boyhood: Scenes of Provincial Life* (1997), *The Lives of Animals* (1999), *Disgrace* (1999), *Youth* (2002), *Elizabeth Costello* (2003), *Slow Man* (2005), *Diary of a Bad Year* (2007), *Summertime* (2009), *The Childhood of Jesus* (2013), *Three Stories* (2014), *The Schooldays of Jesus* (2016), *Siete cuentos morales* (2018), *La muerte de Jesús* (2019) y *El polaco* (2022). Las últimas tres han aparecido en su traducción al español primero y nos referiremos a ellas con los títulos en español.

Stockenström[27]. Cuenta, además, con numerosas reseñas literarias[28], varias introducciones para nuevas ediciones de novelas como *Brighton Rock* (1938) de Graham Greene, *The Vivisector* (1970) de Patrick White o *Robinson Crusoe* (1719) de Daniel Defoe y seis ensayos de diversa índole. Esto son: *White Writing: On the Culture of Letters in South Africa* (1988), donde se analiza, entre otros temas, el *plaasroman* o la novela pastoral sudafricana; *Doubling the Point* (1992), compuesta por una serie de extraordinarias entrevistas llevadas a cabo por Attwell y algunos ensayos del autor; *Giving Offense: Essays on Censorship* (1996), que indaga en la censura en relación al *apartheid* y otros sistemas políticos totalitarios; *Stranger Shores: Essays 1986-1999* (2002), que recoge varios ensayos sobre autores como Borges, Defoe, Doris Lessing y Samuel Richardson; *Inner Workings: Literary Essays, 2000-2005* (2008), donde Coetzee se acerca a la obra de Nadine Gordimer, Robert Musil y Faulkner, entre otros; y, por último, *Late Essays: 2006-2017* (2017)[29], que le sirve a Coetzee para examinar la obra de algunos escritores, entre ellos: T. S. Eliot, Walt Whitman, Patrick White, Irène Nérnirovsky y Philip Roth. Destaca también la publicación de la correspondencia que mantuvo con Paul Auster, *Here and Now: Letters 2008-2011* (2014), y la de varios intercambios —sobre temas como la verdad, la ficción y el psicoanálisis— con Arabella Kurtz, titulada *The good story, exchanges on truth, fiction and psychotherapy* (2015).

3. COETZEE LINGÜISTA, COETZEE FEMINISTA

Uno de los aspectos que más destacan de la obra coetziana es que todas sus novelas no solo ilustran y examinan relaciones de poder desde diferentes ángulos, sino que inciden, además, en el poder del lenguaje como instrumento para establecerlas, ratificarlas, pero también subvertirlas. Es obvio que Coetzee ha reflexionado sobre el valor ideológico del lenguaje y que presta especial atención al uso que hacen de él sus personajes. No en vano, en una entrevista con Jean Sévry menciona: «I think there is evidence

---

[27] Aunque no se analiza en este volumen su labor como traductor, nos gustaría señalar que Marius Crous dedica su artículo «To map across from one language to another: J.M. Coetzee's translation of *Die kremetartekspedisie*» (2013) a la traducción *The Expedition to the Baobab Tree* —una novela que cuenta la sobrecogedora historia de una esclava, que se parapeta en un árbol para escapar de la realidad, y las vicisitudes de su vida anterior a este suceso—. Crous elogia la capacidad del traductor para trasladar el lirismo del lenguaje con el que se narra el relato.

[28] Carrol Clarkson (2011) se lamenta de que su labor como novelista haya minimizado su impacto como crítico literario.

[29] De estos seis ensayos, los cinco últimos han sido traducidos al español y publicados por Debate, Mondadori y El hilo de Ariadna: *Cartas de navegación. Ensayos y entrevistas* (2017), *Contra la censura. Ensayos sobre la pasión por silenciar* (1996), *Costas extrañas. Ensayos, 1986-1999* (2005), *Mecanismos internos. Ensayos, 2000-2005* (2007) y, por último, *Las manos de los maestros. Ensayos selectos* (2016). Algunos capítulos de *White Writing* han aparecido en español como *Paisaje sudafricano* (2013), traducidos por Carmen Francí para la editorial Días Contados.

of an interest in problems of language throughout my novels. I don't see any disruption between my professional interest in language and my activities as a writer» (1985, 1).

Muchos de sus personajes evidencian este vínculo. Así, la escritora y filósofa Elizabeth Costello reflexiona en su novela homónima sobre la relación entre el lenguaje y la identidad cuando se pregunta: «Is language not a more important matrix than birth?» (2003a, 38). En *Slow Man* Costello reaparece como creadora metaficcional y ventrílocua de Paul Rayment, quien se percata de esta peculiar relación y le dice: «It is not I who speak the language, it is the language that is spoken through me» (2005, 198). Además, algunos personajes parten de una posición de poder o de desempoderamiento también en cuanto a su manejo del lenguaje. David Lurie comienza *Disgrace* como un hombre favorecido por el sistema político racista de su país, consentido en su explotación de mujeres en una cultura patriarcal, pero también desde una posición de erudición y sabiduría, como experto absoluto en lengua y literatura. Enseña estas asignaturas y critica la mercantilización del mundo intelectual al que pertenece, representado en la modernización de la universidad donde trabaja como profesor. El lenguaje que él desmenuza en el aula cuando explica la diferencia semántica entre palabras muy parecidas, y en el que se recrea y metafóricamente saborea, se está convirtiendo, muy a su pesar, en un mero instrumento comunicativo; sus asignaturas deberán aportar beneficios económicos en un mundo capitalista recién estrenado. David será expulsado a la periferia de las estructuras políticas, culturales y lingüísticas que lo habían favorecido, desde donde tendrá que reconvertirse. En ese exilio simbólico, es desplazado también al escuchar lenguas que no comprende y, por lo tanto, lo aíslan, y reflexiona sobre la validez del inglés, heredero de la literatura que tanto admira.

El ejemplo contrario es Michael K, uno de los personajes masculinos más enigmáticos de Coetzee, quien emprende un viaje vital careciendo de familia, amigos, empleo, pertenencias y posición social; también de la capacidad, según explica el narrador, del lenguaje. A este protagonista, que ha nacido con un labio leporino, le resulta difícil expresarse en palabras y en muchas ocasiones debe prescindir de ellas. Aunque el narrador insista en que se trata de una persona poco inteligente, lo cierto es que Michael se aísla del conflicto bélico y encuentra una forma de comunicación consigo mismo y con la naturaleza en la que las palabras son redundantes.

Por otra parte, sus protagonistas femeninas interrogan las estructuras de autoridad —como lo hacen algunos de los masculinos—, pero se diferencian de estos en que usan el lenguaje y la escritura para subvertir su posición secundaria en el relato y trascender. De hecho, muchos de sus protagonistas más interesantes son mujeres y todas ellas demuestran tener una relación particular con el lenguaje. Para empezar, seguramente no es casualidad que cuatro de sus cinco protagonistas femeninas sean narradoras: Magda en *In the Heart oft he Country* (1977), Susan Barton en *Foe* (1986), la Sra. Curren en *Age of Iron* (1990) y, por último, Elizabeth Costello en su novela homónima del 2003 y en

Siete cuentos morales (2018)[30]. Destacan todas ellas como mujeres que desean contar y legar sus historias, a pesar de los obstáculos que encuentran a la hora de escribirlas. Sin embargo, la crítica no ha prestado especial atención a esta caracterización. Por ejemplo, Attwell ha mencionado que es posible que Coetzee haya utilizado una voz femenina en algunas de sus novelas como «a strategic way of positioning oneself on the margins of authoritative traditions» (2015, 142), pero lo cierto es que, si seguimos los postulados de Hélène Cixous en *Le Rire de la Méduse et autres ironies* (1975), es fácil interpretar que el autor vincula a sus protagonistas femeninas con la narración de sus experiencias y muestra que l'écriture féminine es una forma de trascender su lugar subordinado en el imaginario masculino.

Las protagonistas femeninas de Coetzee son conscientes del peso del patriarcado y de sus efectos en el lenguaje. De todos estos y otros ejemplos muy interesantes en los que las mujeres necesitan legar sus palabras al mundo, Magda es su personaje femenino más transgresor y su representación más poderosa del rechazo al patriarcado, y así exclama: «I was born into a language of hierarchy, of distance and perspective. It was my *father-tongue*. I do not say it is the language my heart wants to speak» (1977, 106, cursiva nuestra). Como mujer blanca en una sociedad patriarcal bóer[31], está encarcelada en un rol en el que no puede escapar de su posición subordinada; se obsesiona con reimaginar su identidad en un mundo en el que las mujeres son veneradas como esposas, madres y portadoras de hijos, y luego marginadas al silencio.

Además, todas estas protagonistas afirman su necesidad de contar sus historias a través de sus propias voces[32], es decir, de narrar sus existencias y de no ser narradas. En este sentido, Magda escribe en primera persona un diario íntimo que da cuenta de sus pensamientos y emociones, y comienza su singular historia haciéndose eco del ensayo *A Room of One's Own* (1929) de Virginia Woolf: «I am the one who stays *in her room* reading or writing or fighting migraines» (1977, 1, cursiva nuestra).

Por otro lado, las experiencias de Susan en una isla como primera náufraga de la historia nos llegan también a través de su propia voz en primera persona. Susan trata de dar vida a su singular historia y recurre a un profesional. Sin embargo, el escritor al que contrata parece más interesado en su maternidad y ella le dice: «I am a free woman who asserts her freedom by telling her story according to her own desire» (1986, 131). Al final de la novela que ella ha estado narrando en primera persona, empieza a desaparecer como personaje, porque Foe, el autor, toma más el control de la narración y disminuye sus logros.

---

[30] La única excepción es Beatrice en *El Polaco* (2022).

[31] La voz *bóer* proviene del neerlandés y significa: descendiente de los colonos holandeses en Sudáfrica, país donde se usa para referirse a los granjeros blancos.

[32] Otros personajes femeninos secundarios deciden guardar silencio, al menos según los narradores masculinos, como Lucy en *Disgrace* (1999) y la chica bárbara en *Waiting for the Barbarians* (1980).

En tercer lugar, la Sra. Curren recupera la tradición epistolar en la larga carta que le escribe a su hija en *Age of Iron* y relata así los acontecimientos que marcan los últimos días de su vida. Afirma su necesidad de escribir como si su vida dependiera de ello. De hecho, teme el vacío que se le presentará cuando ya no pueda escribir y escribe para aplazar su inminente muerte. Al mismo tiempo, reconoce el poder de su escritura para legar sus pensamientos: «Death may indeed be the last great foe of writing, but writing is also the foe of death» (1990, 115-116).

Por su parte, Elizabeth Costello publica y presenta sus polémicos trabajos académicos sobre los derechos de los animales en su novela homónima. Se trata de una escritora australiana anciana que ha publicado siete novelas, dos libros de poemas, un estudio sobre ornitología y algunos artículos periodísticos. No es casualidad que haya logrado el reconocimiento internacional con la novela *The House on Eccles Street*. En ella recupera al personaje de Molly Bloom[33] —esposa de Leopold Bloom, el protagonista de *Ulysses* (1922) de James Joyce— y es importante porque utiliza el monólogo interior para narrar sus pensamientos más íntimos al final de la obra original. La voz de Costello aborda algunos de los temas que le inquietan a Coetzee, no solo la cuestión de los derechos de los animales, sino también las complicadas relaciones parterno-filiares. Costello reaparece en *Siete cuentos morales*, envejecida, para abordar de nuevo las complicadas relaciones familiares, la soledad y la vejez.

Además, algunos de estos personajes femeninos vinculan la escritura a sus cuerpos, como si escribir fuera parte de su naturaleza. Esto es especialmente evidente en el caso de la Sra. Curren:

> So day by day I render myself into words and pack the words into the page like sweets: like sweets for my daughter. [. . .] Words out of my body, drops of myself, for her to unpack in her own time, to take in, to suck, to absorb. (1990, 8)

Más adelante en la novela, cuando menciona: «The words come from my heart, from my womb» (1990, 133) hace aún más evidente que la escritura está ligada a su cuerpo e identidad femeninos.

4. COETZEE EN ESPAÑOL

En lo que respecta a la recepción de su obra literaria en nuestro país, debemos señalar que ha sido vertida por completo al español. Alfaguara se aventuró en los años 80 a traducir y publicar algunas de sus obras. Aunque en los 90 «se frenó la traducción de su obra en España» (López Sánchez-Vizcaíno 2010, 15), otras editoriales como Mondadori, Anaya y Debolsillo publicaron sus libros en español tras la concesión del Nobel. Sus últimas tres obras han aparecido gracias a la editorial argentina El hilo

---

[33]   Algunos autores creen que está basada en la Penélope de Homero.

de Ariadna. A esto hay que añadir que Coetzee se ha acercado también a Latinoamérica en los últimos años, en especial a Argentina, donde ha participado en la Feria del Libro de Buenos Aires en varias ocasiones. Entre 2015 y 2018 fue titular de la Cátedra Coetzee: Literaturas del Sur en la bonaerense Universidad Nacional de San Martín, desde donde se fomentan estudios sobre el Sur, y preside actualmente el jurado que otorga las becas de residencia del MALBA[34]. También desde 2015 es anfitrión de la entrega de premio del «Concurso John Maxwell Coetzee», un concurso de cuentos a nivel nacional organizado por la Escuela de Arquitectura de la Pontificia Universidad Católica de Chile y, de hecho, en 2018 dio un discurso en español para felicitar a los ganadores, en el que alabó a Gabriela Mistral e incluso llegó a decir que «Neruda significó mucho para mí cuando quise ser un poeta» (García 2019). Además, en el caso de la colección *Siete cuentos morales*, Coetzee presentó su libro en Madrid, después de haberlo hecho en Buenos Aires, algo que no había ocurrido con ninguna otra de sus obras anteriores.

Resulta curioso que en la exposición *Paseos de Nobel* de Kim Manresa y Xavi Ayén, la foto de Coetzee se tomara en Oviedo (Asturias). Lo cierto es que, en los últimos años, este autor se ha acercado de varias maneras a nuestro idioma, sus escritores y a los territorios donde se habla. Por una parte, escogiendo el español para el lanzamiento de sus tres últimas obras: *Siete cuentos morales* (2018), *La muerte de Jesús* (2019) y *El polaco* (2022)[35]. Es sorprendente, y una práctica poco habitual, que el autor haya insistido no solo en que se publiquen en sus traducciones al español antes que en inglés, sino también en que el resto de traducciones parta, al menos en teoría, de estas versiones en el español de Argentina de Marina Dimópulos y Elena Marengo[36], es decir, que el autor así lo haya decidido para que sean consideradas las versiones originales. Esta decisión viene explicada en sus reiteradas declaraciones, en varias entrevistas, de que desea alejarse de la visión anglosajona del mundo, y en las que enfatiza que el inglés, como lengua hegemónica, se ha convertido en una amenaza para el resto de idiomas y un impedimento para el entendimiento entre culturas. Sin embargo, algunas editoriales se han negado a aceptar la versión española como original, lo que ha ocasionado

---

[34] Sigla de: Museo de Arte Latinoamericano de Buenos Aires.

[35] Poco se ha indagado, cursiosamente, en que muchas otras anteriores hayan aparecido en holandés primero. Por ejemplo, *The Childhood of Jesus* y *The Schooldays of Jesus* se publicaron antes como *De kinderjaren van Jezus* y *De schooldagen von Jezus*, ambas en la traducción de Peter Bergsma, su traductor habitual a esta lengua.

[36] *Siete cuentos morales* y *La muerte de Jesús* han sido traducidas por Marengo, y *El polaco* por Dimópulos. Las traducciones de las argentinas hacen uso de algunas palabras que a los lectores de España nos trasladan a dicha variedad del español. Estas son, por ejemplo, *amoblado* por *amueblado*, *arquero* por *portero de fútbol*, *arvejas* por *guisantes*, *departamento* por *piso*, *despabilado* por *espabilado*, *piso* por *suelo* y *plomería* por *fontanería*. Se utilizan asimismo préstamos del inglés que no son comunes en el castellano peninsular como *overol* de *overall*, en lugar de *peto*. También resulta curioso el uso del pretérito perfecto simple para acciones recientes, aunque este sea también predominante en algunas zonas del norte de España, pero se utiliza el *tú* y el *usted* en vez del *vos*, por lo que estas traducciones se acercan mucho al castellano de España.

que *Siete cuentos morales* se publicara casi de forma simultánea en francés, holandés, italiano y japonés, y que estas traducciones señalen *Moral Tales* como su original.

El español es también parte importante de la trama de *The Childhood of Jesus* (2013), *The Schooldays of Jesus* (2016) y *La muerte de Jesús* (2019), puesto que Simón y David —sus protagonistas— arriban, en la primera de las novelas, a un mundo desconocido, donde han olvidado sus lenguas y deben aprender este idioma para comunicarse y asimilarse a una nueva cultura, es decir, es la lengua que hablan los personajes en los tres argumentos. Es evidente su desconocimiento de algunas palabras menos comunes como *estibador* y *reubicación*, pero Simón le asegura a David que, en algún momento, esta lengua formará parte de sus vidas: «[a]s for your Spanish, don't worry, persist. One day, it will cease to feel like a language, it will become the way things are» (2013, 12).

Aunque tanto David como su padre adoptivo, Simón, han estado aprendiendo español, todavía tienen que mejorar su dominio del idioma y en la versión original en inglés aparecen algunas palabras en español que ellos utilizan, en ocasiones, con poca maestría. Por ejemplo, cuando Simón encuentra empleo como estibador pregunta a un compañero si conoce una guardería donde puedan cuidar de David mientras él trabaja, pero no utiliza la palabra correcta:

> 'David, the child I am looking after, is still too young to go to school', he says. 'Do you know anything about schools around here? Is there – he hunts for the term – *un jardín para los niños?*'
> 'Do you mean a playground?'
> 'No, a school for the younger children. A school before proper school.' (2013, 22)

Tal y como señala César Domínguez (2022, 110), es posible que Simón esté traduciendo literalmente del alemán (la palabra alemana es *Kindergarten*[37]), no solo por este calco, sino también porque lo único que recuerda David es un fragmento de la balada «Erlkönig» (1782) de Johann Wolfang Goethe y lo canta en la lengua original, aunque cree que es inglés: «It's English. Can I learn English? I don't want to speak Spanish any more. I hate Spanish» (2013, 67)[38]. Sin embargo, en otras ocasiones, no se puede establecer este paralelismo. Por ejemplo, Simón solicita una llave maestra para abrir su habitación, pero parece también estar traduciendo de otra lengua: «Do you not have a – what do you call it? – *llave universal* to open our room?» (2013, 4). En este caso, la palabra alemana *Hauptschlüssel*, que se traduciría literalmente como *llave principal*, no parece estar relacionada; la inglesa, *master key*, tampoco podría dar lugar al calco.

---

[37]   Puede que esté traduciendo del inglés, idioma que cuenta con la voz: *Kindergarden*.

[38]   En otra ocasión, cuando Simón le pregunta a David qué significa «Wer reitet so?» (2013, 67), el niño le responde que no lo sabe, puesto que: «I don't speak English» (2013, 67). El verso original en alemán, «Wer reitet so spät durch Nacht und Wind?», se puede traducir como «¿Quién cabalga tan tarde a través de la noche y el viento?». El poema ha sido musicalizado en varias ocasiones y es ampliamente conocido en los países donde se habla alemán.

Dado que el español es el idioma del lugar de acogida, el lector se siente inclinado a localizarlo en un país hispanohablante. Aunque gran parte de la crítica ubica las novelas en Latinoamérica (por ejemplo, Marc Farrant)[39], otra posibilidad es que las historias se desarrollen en España, ya que en *The Childhood* hay referencias a la carencia de la oferta de cursos de catalán, gallego y vasco, que no tendría sentido ofrecer en países americanos, y la moneda de Novilla es el real, moneda en curso en España entre los siglos XVI-XIX[40].

Por otro lado, David expresa su deseo de hablar su propio idioma y Simón le explica que las lenguas son instrumentos de comunicación y que deben ser compartidas por sus hablantes para resultar efectivas:

'Why do I have to speak Spanish all the time?'
'We have to speak some language, my boy, unless we want to bark and howl like animals. And if we are going to speak some language, it is best we all speak the same one. Isn't that reasonable?'
'But why Spanish? I hate Spanish.'
'You don't hate Spanish. You speak very good Spanish. Your Spanish is better than mine. You are just being contrary. What language do you want to speak?'
'I want to speak my own language.'
'There is no such thing as one's own language.'
'There is! La la fa fa yam ying tu tu.'
'That's just gibberish. It doesn't mean anything.'
'It does mean something. It means something to me.'
'That may be so, but it doesn't mean anything to me. Language has to mean something to me as well as to you, otherwise it doesn't count as language.' (2013, 186)

En realidad, no es la primera vez que Coetzee se sirve del castellano en sus obras. En *In the Heart of the Country*, Magda busca un lenguaje que no refleje las jerarquías de poder en las que está inmersa y, al final de la novela, recurre al español para tratar de comunicarse, aunque se trata de un español deficitario e incorrecto.

Por otra parte, Coetzee ha comenzado a hacer más evidente su orientación hacia autores hispanohablantes y a ser más conocido en territorios donde se habla español[41]. Dice Ben Etherington (2020) que es evidente la influencia de algunos autores sudamericanos, tal y como demuestran, por una parte, las referencias de la protagonista de *In the Heart of the Country* al poemario *Crepusculario* (1919) de Neruda y, por otra,

---

[39]   Farrant menciona en su reseña sobre *The Death of Jesus*: «The trilogy takes place in a fictionalized Latin America where everyone speaks Spanish» (2020).

[40]   También a otros muchos países hispanohablantes en otras épocas anteriores: Argentina, Colombia, Ecuador y Venezuela, entre otros.

[41]   Por ejemplo, Enrique Vila-Matas se refiere a Coetzee como «el que probablemente sea el mejor narrador contemporáneo vivo» (2012).

el peculiar sistema de cálculo que aparece en *Diary of a Bad Year*, *The Childhood of Jesus* y *The Schooldays of Jesus*, que rememorarían la compleja teoría referencialista del protagonista del relato «Funes el Memorioso» (1944) de Borges.

Además, la trilogía de Jesús destaca también por ser un homenaje a la novela española moderna y polifónica más universalmente conocida: *Don Quijote de la Mancha*, como analizamos en el último capítulo de este libro, que dedicamos a estas novelas. Esta obra es una influencia importante en la literatura de Coetzee, como él mismo ha reconocido en su «Poetics of Reciprocity», donde dice: «Cervantes is the giant on whose shoulders we pigmies of the postmodern novel stand» (1992, 62) y este texto es una de sus grandes influencias desde la publicación de *In the Heart of the Country*[42]. El homenaje al escritor español es más evidente en *The Childhood of Jesus*, donde David lleva siempre consigo un ejemplar ilustrado de *Don Quijote* y aprende a leer con él —de hecho, en lugar de interesarse por cuentos infantiles, más acordes a su edad, prefiere recitar fragmentos de este libro que memoriza—, pero también en *The Schooldays of Jesus,* que comienza con un epígrafe de la novela española: «Algunos dicen, nunca segundas partes fueron buenas».

Además, entre 2014 y 2017, Coetzee publicó en Argentina su *Biblioteca Personal*. Compuesta por una serie de obras que le han influido especialmente, es decir, aquellas que han tenido un papel fundamental en su formación como escritor, esta recopilación surge a la manera de la borgiana (la selección del autor argentino comprendía aquellas obras que deberían ser, a su parecer, publicadas de nuevo). Borges no aspiraba a contribuir a la creación de un canon literario ni trataba de presentar una compilación de sus gustos personales, sino que pretendía reunir una literatura que mereciera la pena. De la misma manera, todos los volúmenes de la *Biblioteca* de Coetzee pretenden seducir a los lectores de Coetzee. Así lo indica el autor en una entrevista: «En esta propuesta, está implícita la noción de gusto: si mis textos son de su gusto, entonces estos libros también pueden serlo» (Coetzee 2015). Si la de Borges incluía breves prólogos o introducciones, las obras seleccionadas por Coetzee comienzan con suscintas introducciones propias del mundo académico y demuestran que el autor las conoce bien.

Las doce obras son clásicos de la literatura. Por ello, los editores de El hilo de Ariadna reeditaron algunas de ellas sirviéndose de las traducciones ya existentes por considerar que estas eran de gran calidad; es el caso de *La letra escarlata* de Nathaniel Hawthorne en la traducción de José Donoso y Pilar Serrano. De otras, sin embargo, fueron necesarias nuevas traducciones al español, por ejemplo, la del argentino Ariel Magnus de *Michael*

---

[42] No es la primera vez que la influencia cervantina es evidente en las novelas de Coetzee (ver nuestro análisis intertextual en: «J.M. Coetzee's *In the Heart of the Country*: Is Magda a New Don Quixote?», publicado en 2015).

Kohlhass de Heinrich von Kleist[43]. El último de los doce volúmenes, y quizás el más intimista, *51 poetas. Antología íntima* (2017), es una compilación de poesía que se extiende desde la Antigüedad hasta el momento de su publicación. En una entrevista menciona Coetzee, gran amante de la poesía, por qué este volumen es especial para él:

> El mayor placer que tuve al armar esta *Biblioteca* fue hacer la selección de los poetas cuya obra admiro y de la que he aprendido. Abarcan desde poetas anónimos pertenecientes a la tradición oral africana y australiana a poetas más jóvenes que yo; abarcan una gran variedad de lenguas. (2015)

La antología incluye poemas de Rafael Alberti —que aparece también en un verso en *The Schooldays of Jesus*—, Jorge Luis Borges, Federico García Lorca y Pablo Neruda.

No son solo estos los poetas en español que Coetzee ha leído. Poco conocida es su reflexión sobre la obra *Platero y yo* (1914) de Juan Ramón Jiménez. Publicada en una revista murciana[44] en una versión bilingüe, en su artículo «Platero y yo» (2007) Coetzee analiza la singular relación de igualdad entre un burro y un hombre, burro al que este idolatra y del que no se considera dueño.

A esto hay que añadir que Coetzee ha visitado España en varias ocasiones en los últimos años. Por ejemplo, en 2016 pronunció una conferencia en defensa de los derechos de los animales en el Museo Reina Sofía en Madrid, en 2018 clausuró el Festival Internacional de Poesía de Granada y en 2023 participó en una charla —con su traductora argentina Mariana Dimópulos— en el Museo del Prado como primer artista del Programa de residencia literaria internacional *Escribir el Prado*[45]. En esa misma ocasión, Coetzee depositó en la Caja de las Letras[46] del Instituto Cervantes un manuscrito inédito que se abrirá tras su fallecimiento. Cabe destacar que se trata del primer autor vivo galardonado con el Nobel en entrar a la cámara acorazada del Cervantes, pero también del primero que no tiene como lengua materna uno de los idiomas oficiales o dialectos de la Península Ibérica.

Además, algunos paisajes de nuestro país aparecen en sus escritos. En su relato «A House in Spain» (2000)[47], un hombre solitario compra un caserón centenario en un

---

[43]   Dice Coetzee en dicha entrevista (2015) que, aunque le hubiera gustado incluir a William Faulkner (1897-1962) y Albert Camus (1913-1960), los editores no lograron obtener los derechos para volver a publicar nada de estos autores.

[44]   Este artículo aparece en el número 14 de *Tonos Digital. Revista Electrónica de Estudios Filológicos*.

[45]   La charla puede verse en el enlace: < https://www.youtube.com/watch?v=4FOkL8DMNKw&-t=3265s >.

[46]   La Caja de las Letras es un depósito del Instituto Cervantes que alberga manuscritos de escritores de la cultura hispánica que se abrirán en una fecha que ellos hayan propuesto. Entre estos se encuentran Francisco Ayala, Ana María Matute, Manuel Alexandre, Antonio y Manuel Machado, Juan Marsé y José Manuel Caballero Bonald.

[47]   Publicado posteriormente en *Three Stories* (2014).

pueblo de Cataluña y establece una relación emocional muy profunda con él. En *Siete cuentos morales*, la anciana y achacosa Elizabeth Costelo ocupa y piensa, y en ocasiones estorba, desde una casa de la meseta castellana —seguramente sea esto un guiño al paisaje cervantino de *Don Quijote*—. Además, su más reciente publicación, *El polaco* (2022), que puede ser interpretada como una reescritura de la relación entre Dante y Beatrice[48], comienza y desarrolla gran parte de su argumento en Cataluña.

Si bien las traducciones de sus obras al español son, en su mayoría, excelentes —destaca, sin embargo, el deficitario resultado de la versión de *In the Heart of the Country* en español de Miguel Martínez-Lage[49]—, la atención que ha recibido en nuestro país no es comparable a la que se le ha dedicado en el mundo anglosajón. Aun así, tras la concesión del Nobel, Coetzee viene siendo inspiración de artículos y estudios, también en España. De hecho, existen dos monografías que se dedican a su obra: *J.M. Coetzee* (2006), editada por Fernando Galván, y *La escritura de lo inhóspito* (2010), editada por María Jesús López Sánchez-Vizcaíno. Contamos, además, con la reciente publicación de *Variaciones. Coetzee* (2020), un conjunto de ensayos que examinan sus novelas desde diferentes perspectivas[50].

A esto hay que añadir que desde 1994 se han defendido siete tesis doctorales que se centran específicamente en su obra[51] y que Coetzee suele ser uno de los autores que se estudia en las asignaturas dedicadas a las literaturas postcoloniales de los grados en estudios ingleses.

[48]   La novela relata el incómodo e improbable romance entre Witold y Beatriz, un pianista polaco y una mujer española que da cuenta de ella de forma racional.

[49]   Ver nuestro análisis de la traducción al español de *In the Heart of the Country*: «Accomplishments and Inaccuracies in J.M. Coetzee's *In the Heart of the Country*'s Translation into Spanish» (Álvarez Sánchez, 2017).

[50]   Por ejemplo, uno de ellos, «La Sra. Curren o la mejor idea que nunca tuvo nadie» de Gonzalo Torné, es una divertida carta que una lectora le escribe al supuesto editor de *Age of Iron* para expresar sus opiniones sobre su protagonista, la Sra. Curren, como si esta fuera una persona real.

[51]   A la primera tesis dedicada a este autor, *La evolución del ritual viajero en la novela colonial y post-colonial de Stevenson y Conrad a Theroux y Coetzee*, defendida en 1994 por Jesús Capo Gómez en la Universidad de Oviedo, le sucedieron *En busca del discurso identitario y canónico: la rescritura de Rhys y Coetzee en Wide Sargasso Sea y Foe* (2006) de Solá Parera M. Dafne; *Extrañeza estética y resistencia ética como mecanismos textuales en la obra narrativa de J.M. Coetzee* (2008), de López Sánchez Vizcaíno; *El otro en la obra de J.M. Coetzee: la lectura inconsolable* (2010), de Edgar Tello García; *Women as Objective Correlative of Racial Oppression in the Fiction of Caryl Phillips and J.M. Coeztee* (2013), de Svetlana Stefanova Radoulska; *La ideología del lenguaje: mecanismos de resistencia lingüística en la obra literaria de J.M. Coetzee* (2017), de Patricia Álvarez Sánchez; y *Towards a "Weak Poetics": The Literary Thinking of J. M. Coetzee* (2019), defendida por Florin Gabriel Serbu.

Capítulo 2
Coetzee: itinerario vital, reflexiones lingüísticas

> I agree that one's weltanschaung is formed
> by the language that one speaks
> and writes most easily,
> and to a degree, thinks in.
>
> (Auster y Coetzee *Here and Now*, 72)

Nos gustaría dedicar este capítulo al itinerario personal de Coetzee porque, aunque no debería este limitarnos en la interpretación de sus obras, puede iluminar nuestro análisis conocer algunos de los detalles de su trayectoria personal[1]. Nos interesa, sobre todo, cómo le afectaron algunos hechos que parecen haber forjado su personalidad escindida entre dos lenguas y sus mundos. Para ello, nos zambulliremos en sus tres novelas que se acercan al género autobiográfico[2], *Boyhood* (1997), *Youth* (2002) y *Summertime* (2009)[3] —ya que nos servirán para vincular su trayectoria vital con las reflexiones sobre el lenguaje en las que en ellas nos obsequia—, en algunos de sus artículos académicos en los que expresa sus acercamientos a las lenguas, la lingüística y la traducción, y en su correspondencia con Paul Auster.

Si bien debemos tener en cuenta que las tres obras mencionadas son autobiografías ficcionalizadas[4], es decir, no pueden interpretarse como fiel reflejo de la vida del autor,

---

[1]   Coetzee es muy celoso de su intimidad y nos ha ofrecido datos muy escasos sobre su vida privada. En realidad, hasta que Kannemeyer publicó, con su consentimiento y cooperación, su biografía en 2013, apenas sabíamos que nació en una familia de clase media, que su infancia transcurrió entre Ciudad del Cabo y Worcester, y que después de graduarse en 1961 en la Universidad de Ciudad del Cabo, emigró a Inglaterra en 1962. Coetzee contrajo matrimonio con Philippa Jubber en 1963, con quien tuvo dos hijos —Nicolas (1966-1989) y Gisela (1968)—, y en 1969 defendió su tesis sobre la obra de Samuel Beckett en la Universidad de Texas (EE. UU.). Tras serle denegado el permiso de residencia, regresó a su país natal en 1971, donde trabajó en la Universidad de Ciudad del Cabo (Sudáfrica) hasta 2002, año en el que se estableció definitivamente en Adelaida (Australia), donde reside.

[2]   Coetzee se refiere a sus autobiografías con el término *autrebiography* en *Doubling the Point*.

[3]   Las tres aparecieron conjuntamente en un solo volumen que lleva por título *Scenes from Provincial Life* (2011).

[4]   En una entrevista concedida al escritor Peter Sacks (2001), Coetzee señala que estas tres obras no pueden ocupar la estantería dedicada a la novela ni la dedicada a la autobiografía, enfatizando la dificultad de definir a qué género pertenecen.

muchos de sus temas nos muestran el camino para entender su literatura, algunas de sus influencias y su posicionamiento ante el mundo: su constante rechazo a la violencia, su incapacidad para encontrar un lugar al que pertenecer[5], sus aspiraciones artísticas y, sobre todo, sus reflexiones sobre el lenguaje humano como un sistema de comunicación imperfecto, cargado de un valor ideológico y ejemplo de jerarquía de poder.

1. *BOYHOOD:* EL AFRIKÁANS EN EL *APARTHEID*

Coetzee nació el 9 de febrero de 1940 en Ciudad del Cabo (Sudáfrica). La obra que describe sus pasos en la infancia lleva precisamente este título en inglés, *Boyhood* (1997)[6]. Cuenta, desde una muy lograda perspectiva infantil del protagonista, los sueños, miedos y aspiraciones de John Maxwell, un niño sudafricano que, como el propio autor, reside desde los siete a los trece años en Ciudad de Cabo y más tarde se muda con su familia a Worcester[7]. El argumento nos traslada a la Sudáfrica de finales de los años 40 y los 50, época que se describe con nostalgia. Su protagonista es, sin duda, un niño singular, extremadamente sensible con el mundo que le rodea, devorador de libros, despierto, maduro y con una capacidad crítica inusual para su edad. No es baladí que este personaje tan joven comience, a esa edad temprana, a cuestionar las relaciones de poder inherentes en su país y a sentir que no pertenece del todo a ninguna comunidad —tampoco lingüística—.

Una de sus mayores preocupaciones nace de la necesidad que siente de definirse a sí mismo fuera de una sociedad que clasifica a las personas por el color de su piel. Para comprender la situación, hay que situarse en la Sudáfrica de los años 50, inmersa en el *apartheid*. A pesar de que la población blanca era y sigue siendo una pequeña minoría en Sudáfrica[8], el Partido Nacional Reunificado[9] logró ganar las elecciones generales en 1948, elecciones en las que a la inmensa mayoría de los ciudadanos negros, mulatos o a aquellos que tenían ascendencia asiática se le había negado el derecho al voto, y cuyo resultado sentó la base legal para la segregación. El *apartheid*, sistema político implantado en la República de Sudáfrica, en vigor entre 1948 y 1992, otorgó a las personas blancas el poder legislativo —quienes derogaron los derechos fundamentales del resto de la ciudadanía— y un ventajoso abanico de privilegios. Por otro lado,

---

[5]   Este sentimiento de *displacement* es una constante en los protagonistas de algunas obras postcoloniales.

[6]   Traducida por el escritor y traductor Juan Bonilla, fue publicada como *Infancia* por Mondadori en 1999.

[7]   Ciudad que se encuentra a unos 120 km al este de Ciudad del Cabo, en el valle del río Breede.

[8]   Según el censo de población de la República de Sudáfrica, la población blanca del país ascendía al 7,8 % en 2021.

[9]   El Partido Nacional Reunificado obtuvo el 37,7 % de los votos y tuvo que formar coalición con el Partido Afrikaner, con el que se fusionó en 1951 bajo la denominación Partido Nacional (National Party en inglés, en adelante, NP). En realidad, el Partido Unido obtuvo el 49,18 %, pero debido al sistema de representación el Partido Nacional Reunificado ganó más curules (escaños) y fue declarado ganador.

se acotaron zonas donde solo estas podían vivir, obligando a las personas no blancas a abandonar sus hogares y las tierras que les pertenecían; se les negó el acceso a algunos itinerarios universitarios y empleos, y se prohibieron los matrimonios y las relaciones sexuales entre las personas de diferente raza. Bien conocidas son las fotos de los carteles que acotaban zonas de las playas o la entrada a los aseos para las personas blancas.

John crece en un mundo del que no se siente partícipe. Sus dos grandes vínculos emocionales son: su madre, cuya soledad femenina encontrará diversas formas de representación en varias de sus novelas[10]; y el *veld*[11], al que entregará su amor sin reparos y que llenará las páginas de muchas de sus historias. Prueba de este apego incondicional es el juego lingüístico que establece en esta obra en cuanto a la pertenencia a la granja donde reside parte de su familia paterna:

> Out in the veld by himself he can breathe the word aloud: *I belong on the farm*. What he really believes but does not utter, what he keeps to himself for fear that the spell will end, is a different form of the word: *I belong to the farm*.
> He tells no one because the word is usually misunderstood so easily, turned so easily into its inverse: *The farm belongs to me*. The farm will never belong to him, he will never be more than a visitor: he accepts that. (1997, 95-96, cursiva nuestra)

Por otro lado, Coetzee retrata la pérdida de autonomía de la madre en pequeños detalles. En ese *veld*, donde se puede ser plenamente feliz —dice él—, a la madre no se le permite montar a caballo ni en bici, ni siquiera puede pasear sola:

> Belonging to the farm is his secret fate, a fate he was born into but embraces gladly. His other secret is that, fight though he may, he still belongs to his mother. It does not escape him that these two servitudes clash. Nor does it escape him that on the farm his mother's hold is at its weakest. Unable, as a woman, to hunt, unable even to walk about in the veld, she is here at a disadvantage.
> He has two mothers. Twice born: born from woman and born from the farm. Two mothers and no father. (1997, 96)

Además, *Boyhood* evidencia que Coetzee era consciente, ya a muy corta edad, de su deambular entre las dos lenguas, el afrikáans —variación criolla del neerlandés que se habla en Sudáfrica y Namibia[12]— y el inglés, a las que se acerca de diferente manera.

---

[10]   *Boyhood* narra cómo la madre termina atrapada en las deudas que contrae su despilfarrador esposo, por un contrato matrimonial del que no puede escapar, y que conllevarán el declive económico de la familia. Su soledad, aislamiento e infelicidad, perfecto ejemplo de las consecuencias del sacrificio femenino por el marido, los hermanos y los hijos, se visibiliza en reproches, monólogos desatendidos y largos silencios.

[11]   La palabra afrikáans *veld*, pronunciada /felt/, se refiere a las praderas sudafricanas que destacan por sus poblaciones de animales y diversidad de árboles en el norte y noreste del país.

[12]   El afrikáans proviene de los primeros habitantes neerlandeses en el sur de África y cuenta con préstamos del inglés, malayo, portugués y de las lenguas bantúes de África. Es una de las once lenguas

Por una parte, muchas de las referencias del niño sobre el afrikáans son negativas. Por ejemplo, expresa que «the language of the Afrikaans boys is filthy beyond belief» (1997, 57). Al mismo tiempo, es fácil detectar que la novela está salpicada de algunas palabras de esta lengua[13]; la mayoría de ellas pertenece al lenguaje ofensivo. Entre ellas se encuentran: «skelm» (1997, 41), «fok», «piel», «poes» (1997, 57), «platteland» (1997, 68), «lat», «strop» (1997, 71), «volk» (1997, 84) y «moffie» (1997, 148)[14], y el propio niño reflexiona sobre la posible escritura de estas unidades léxicas, lo que nos indica que se trata de un idioma que ha aprendido de forma oral:

> They command a range of obscenity far beyond his, to do with *fok* and *piel* and *poes*, words from whose monosyllabic heaviness he retreats in dismay. How are they written? Until he can write them he has no way of taming them in his mind. Is *fok* spelled with a v, which would make it more venerable, or with an *f*, which would make it a truly wild word, primeval, without ancestry? The dictionary says nothing, the words are not there, none of them. (1997, 57)

Tal y como señala López: «There are, then, political and ideological reasons behind the child's rejection of Afrikaans, even if he is not fully aware of them: what is rejected is Afrikaans as the language of Afrikaner nationalism and apartheid system» (2013a, 56). De hecho, en uno de los pasajes, el niño razona cómo esta lengua es fiel reflejo de la vergüenza que siente ante la relación de desigualdad con los sirvientes, en cuyas casas no debe entrarse para supuestamente no avergonzarlos, mientras ellos deambulan por la suya en silencio —tratando de no ser vistos— realizando todo tipo de tareas domésticas. Comenta incluso que el afrikáans es la lengua que refleja una jerarquía en la que él, a pesar de su corta edad, está inmerso:

> It is embarrassing to have Tryn and Lientjie in the house. He does not like it when he passes Lientjie in the passage and she has to pretend she is invisible and he has to pretend she is not there. He does not like to see Tryn on his knees at the washtub washing his clothes. He does not know how to answer her when she speaks to him in the third person calling him die kleinbaas, a little master, as if he weren't there. It is all deeply embarrassing. (1997, 86)

---

oficiales de Sudáfrica y es utilizada, sobre todo, por la población blanca de las provincias occidentales, aunque no todas las personas blancas la dominan. Su máximo exponente literario es el autor Breyten Breytenbach.

[13] Mientras que en la versión inglesa no todas aparecen en cursiva, aunque algunas van seguidas de su traducción al inglés, en la traducción al español de Bonilla aparecen señaladas como extranjerismos.

[14] Muchas de las palabras que utiliza en afrikáans suelen tener una connotación negativa o ser insultos. En ese caso se trata de las siguientes: *canalla, follar, polla, coño, campo, látigo, correa, pueblo* y *marica*.

Si los sirvientes lo llaman *kleinbaas* (pequeño señor) es porque entienden que, aunque sea un niño, ocupa un lugar privilegiado en la clasificación institucionalizada de las personas que se basa en el color de la piel.

En otro momento, el protagonista ridiculiza la lengua de su padre —de origen afrikáner— y se congratula de no tener que reproducir esa jerarquía lingüística en la que el afrikáans, dice, es la lengua del esclavo:

> He mocks his father's speech: '*Mammie moet 'n kombers oor Mammie se kniee trek anders word Uammie koud*' —Mommy must put a blanket over Mommy's knees, otherwise Mommy will get cold.
> He is relieved he is not Afrikaans and is saved from having to talk like a whipped slave. (1997, 49).

Cierto es que, al mudarse a Worcester en 1949, John se ve por primera vez inmerso en una comunidad que se expresaba mayoritariamente en este idioma. El padre, que habla un inglés con acento y necesita un diccionario para acabar los crucigramas, se niega a participar en esta lengua —la suya propia— a su regreso a la comunidad afrikáner:

> He thanks God that his mother speaks English. But he remains mistrustful of his father, despite Shakespeare and Wordsworth and the Cape Times crossword puzzle. He does not see why his father goes on making the effort to be English here in Worcester, where it would be so easy for him to slide back into being Afrikaans. (1997, 126)

Las dificultades de integración se hacen obvias en esa nueva ciudad. Por una parte, y aunque Coetzee crece en un ambiente bilingüe, cualquiera se daría cuenta, según él mismo menciona en varias ocasiones, de que no domina la jerga del afrikáans porque es tan solo una lengua que utiliza en la granja de la familia paterna. De hecho, explica que «though his surname is Afrikaans, though his father is more Afrikaans than English, though he himself speaks Afrikaans without any English accent, he could not pass for a moment as an Afrikaner» (1997, 124) y que «The range of Afrikaans he commands is thin and bodiless; there is a whole dense world of slang and allusion commanded by real Afrikaans boys—of which obscenity is only a part—to which he has no access» (1997, 124)[15]. Por otra, nos ofrece constantes ejemplos de la rudeza de los niños afrikáneres y esto lo inquieta tanto que se hace pasar por católico —cuando, en realidad, no es creyente— porque los niños afrikáneres golpean y acosan a los judíos. Reflexiona también sobre cómo estos niños utilizan la lengua para aislarse:

> They wield their language like a club against their enemies. On the streets it is best to avoid groups of them; even singly the have a truculent, menacing air. [...] It is unthinkable that

---

[15]   Rita Barnard comenta que sus escritos en afrikáans muestran algunos errores ocasionales en los que sería interesante indagar (2009, 88).

he should ever be cast among them: they would crush him, kill the spirit in him. (1997, 124-125)

Tal es su desprecio y temor hacia este colectivo que la posibilidad de que tengan que enviarle, por razones políticas, a una clase de afrikáneres —dado que su apellido lo clasifica como tal— le causa un gran desasosiego:

> There are rumours that the Government is going to order all schoolchildren with Afrikaans surnames to be transferred to Afrikaans classes. His parents talk about it in low voices; they are clearly worried. As for him, he is filled with panic at the thought of having to move to an Afrikaans class. He tells his parents he will not obey. He will refuse to go to school. (1997, 69)

Por otra parte, cuando John reflexiona sobre la forma de actuar de los afrikáneres y los ingleses, siempre está dispuesto a desacreditar a los primeros, a los que considera violentos e ignorantes: «He thinks of Afrikaners as people in a rage all the time because their hearts are hurt. He thinks of the English as people who have not fallen into a rage because they live behind walls and guard their hearts well» (1997, 73).

Sin embargo, y a pesar de la animadversión que profesa por este idioma, el afrikáans es también la lengua que lo vincula al *veld* y a la granja, espacio de libertad y felicidad por excelencia, porque es allí donde la familia paterna la utiliza. Por ello, menciona asimismo: «When he speaks Afrikaans all the complications of life seem suddenly to fall away. Afrikaans is like a ghostly envelope that accompanies him everywhere, that he is free to slip into, becoming at once another person, simpler, gayer, lighter in his tread» (1997, 125). Justamente uno de sus recuerdos de infancia más felices es el paseo por el *veld* con su prima Agnes, con la que habla afrikáans, porque se olvida de la lengua que está utilizando, es decir, de las connotaciones culturales e ideológicas negativas que conlleva y es entonces cuando se siente libre para expresarse: «They began to talk. She had pigtails and a lisp, which he liked. He lost his reserve. As he spoke he forgot what language he was speaking: thoughts simply turned to words within him, transparent words» (1997, 94).

Descendiente de una madre cuyos padres eran de origen alemán, su familia no solo trata fervientemente de desvincularse del pasado afrikáner paterno, sino de asimilarse a una forma de vida inglesa, que ellos equiparan a avanzada, educada y cortés. Su propia abuela materna, de origen alemán, puso nombres ingleses a sus seis hijos y los educó en inglés en casa. Su madre, Vera, es maestra, lee a Shakespeare y habla un inglés culto. Se menciona en *Boyhood* que su vocabulario es muy extenso, que lo utiliza de forma precisa y que esto es un motivo de orgullo para John. Aunque no encontremos muchos comentarios de la madre sobre los afrikáneres, destacan dos. Por un lado, airea sus opiniones negativas sobre los médicos: «Doctors are not interested in their patients, she says. They just give you pills. Afrikaans doctors are the worst, because they are incompetent as well» (1997, 33). Por otra, refiriéndose a las guerras de los bóeres, libradas entre el Imperio británico y los colonos afrikáneres en Sudáfrica entre 1881 y 1902, la madre comenta la experiencia de su familia con los combatientes de ambos bandos:

Even his parents will not say anything about the Boer War, about who was right and who was wrong. However, his mother does repeat a story about the Boer War that her own mother told her. When the Boers arrived on their farm, said her mother, they demanded food and money and expected to be waited on. When the British soldiers came, they slept in the stable, stole nothing, and before leaving courteously thanked their hosts. (1997, 66)

Dado que el protagonista crece en una familia anglófila que admira al pueblo inglés y su cultura[16], él se hace eco de este entusiasmo por Inglaterra, su lengua y sus valores, de manera que los héroes de las historias de John son siempre ingleses, también los valientes e intrépidos soldados que ganan las guerras de sus juegos simbólicos: «he prefers to dislike the Boers, not only for their long beards, and ugly clothes, but for hiding behind rocks and shooting from ambush, and to like the British for marching to their death to the skirl of bagpipes» (1997, 67).

En cuanto a su aprendizaje del inglés, es evidente que el dominio que ha adquirido es magnífico y en la novela se menciona que es precisamente la asignatura en la que destaca en el colegio: «Because they speak English at home, because he always comes first in English at school, he thinks of himself as English» (1997, 124). Sin embargo, el relato nos ofrece fisuras de esa idealización en la figura del profesor Trevelyan, caracterizado como el inglés perfecto: «He was young, he was tall, he was friendly, he could not speak a word of Afrikaans, he was English through and through» (1997, 73)[17]. Cuando Eddie, un niño negro de siete años, se escapa de la casa donde trabaja, Trevelyan se ofrece voluntario para infligirle un severo castigo corporal y lo golpea brutalmente con una correa. Coetzee reflexiona sobre este hecho:

So Trevelyan, who was English, was the one to beat Eddie. In fact, Trevelyan, who was ruddy of complexion and already a little fat, went even, ruddier while he was applying the strap, and snorted with every Mow, working himself into as much of a rage as any Afrikaner. How does Trevelyan, then, fit...into his...theory. (1997, 74-75)

Por otro lado, debemos tener en cuenta que Coetzee siente que el inglés, así lo explica en su correspondencia con Paul Auster, publicada en *Here and Now*, es una lengua franca impuesta durante la colonización y que, por ello, no puede considerarla su lengua materna. En este acercamiento sigue los pasos del ensayo *Le monolinguisme de l'autre: Ou la prothèse d'origine* (1996), donde Jacques Derrida examina su uso del francés como lengua colonial. El autor francoargelino de padres judíos defiende

---

[16]   No se menciona en *Boyhood*, por ejemplo, que en los campos de concentración que crearon los ingleses para las mujeres, niños y ancianos afrikáneres murieron miles de personas por falta de alimento y por las condiciones insalubres que provocaron la propagación de enfermedades todavía mortales, como el sarampión.

[17]   Nótese que «he was English through and through» puede traducirse como «era inglés hasta la médula».

que el francés es solo una lengua impuesta por la colonización; debería haber aprendido hebreo de sus padres o árabe en los colegios, pero el árabe se prohibió como lengua oficial y lengua administrativa en su Argelia natal durante la colonización, de forma que la lengua materna de los argelinos pasó a estudiarse como lengua extranjera. De esta manera, dice Derrida, siente que el francés es una lengua ajena, *une langue de l'autre*, un idioma cuyas normas provenían y se forjaban en otro lugar, pero se imponían en su país, desde donde se educaba también en su literatura francesa en forma de cánones literarios y desprestigiaba la de los márgenes como inadecuada.

En esta línea, pone Derrida en entredicho lo que conocemos como lengua materna: «Car jamais je n'ai pu appeler le français, cette langue que je te parle, 'ma langue maternelle'»[18] (1996, 61). Esta es una idea que evoca Coetzee en sus cartas a Auster: «English may not after all be the property of the English of England, but it is certainly not my property. Language is always the language of the other. Wandering into language is always a trespass» (2014, 67).

En definitiva, aunque George Steiner destaca de forma positiva en su obra *Extraterritorial: Papers on Literature and the Language Revolution* (1976) que algunos escritores están desarraigados desde el punto de vista lingüístico porque se expresan en varias lenguas, en el caso de Coetzee, su incapacidad de definir a qué grupo lingüístico pertenece es una de sus señas de su malestar identitario y reflejo de una desubicación existencial profunda. Sin embargo, exalta la mezcla del afrikáans con el inglés de forma positiva:

> Greedily he drinks in the atmosphere, drinks in the happy slapdash mixture of English and Afrikaans that is their common tongue when they get together. He likes this funny, dancing language, with its particles that slip here and there in the sentence. It is is lighter, airier than the Afrikaans they study at school, which is weighed down with idioms that are supposed to come from the volksmond, the people's mouth, but seem to come only from the Great Trek, lumpish, nonsensical idioms about wagons and cattle and cattle-harness. (1997, 81)

2. *YOUTH*: REFLEXIONES LINGÜÍSTICAS

Continuación de su primera obra pseudoautobiográfica, *Youth* (2002)[19] confirma la capacidad de Coetzee para expresar la alienación e inseguridad de su personaje y examinar sentimientos complejos como la decepción que John sufre cuando, como ciudadano de una antigua colonia británica, llega a la idealizada Inglaterra; su desilusión —pero también apatía— ante la imposibilidad de mantener una relación estable de pareja con una mujer; la búsqueda de un camino personal de autoconocimiento,

---

[18] Puede ser traducido como «Porque jamás he podido llamar al francés, esta lengua en la que te hablo, mi lengua materna».

[19] Publicada en español como *Juventud* por Modadori gracias a la traducción de Cruz Rodríguez Juiz.

y el sentimiento de terror y fracaso que le invade ante la incapacidad de descubrir en sí mismo una voz narrativa que dé salida a sus aspiraciones creativas. El argumento está cubierto por el velo existencial que caracteriza al personaje principal, como si de una figura errante se tratara, atrapado en una realidad desesperanzadora.

La novela comienza con un conocido verso de Goethe: «Wer den Dichter will verstehen muß in Dichters Land gehen»[20], que nos advierte sobre la necesidad artística de un viaje. Su protagonista, John, un inseguro joven de 19 años que estudia en Ciudad del Cabo, trata de escapar de la situación claustrofóbica y compleja que está atravesando su país en los años 60 y, tras graduarse en inglés y matemáticas en la Universidad de Ciudad del Cabo, se traslada a Inglaterra en 1962, nación por la que siempre ha sentido un profundo interés. Sin embargo, una vez allí, el incipiente escritor reflexiona, desde la diáspora, sobre cómo este país no es la quimera con la que había soñado. Su acento lo delata como extranjero y no parece poder integrarse[21]; tampoco logra formar parte de los círculos literarios que tanto admira. Reflexionando sobre esta época, le escribe a Auster que cuando se mudó a este país:

> On the one hand I was pretty sure that by textbook standards I could speak, or at least write, the language better than most of the natives. On the other hand, as soon as I opened my mouth I betrayed myself as a foreigner, that is to say, someone who by definition could not know the language as well as the natives. (2014, 66-67)

Por otra parte, mientras que, en el terreno personal, su máxima aspiración es conseguir enamorarse, porque está convencido de que solo aquel que consigue triunfar en el amor puede alcanzar el éxito como escritor, sus muchas relaciones y enredos amorosos acaban en estrepitosos fracasos. En el terreno profesional, consigue un puesto de programador informático en IBM bien remunerado y estable. Gran admirador de las literaturas en inglés, que conoce bien, especialmente la obra de Ezra Pound, T.S. Eliot, Jonathan Swift y Geoffrey Chaucer, sueña con convertirse en un gran escritor y está convencido de que la escritura está intrínsecamente vinculada al sufrimiento, a la desesperación y la calumnia —una idea bastante romántica—. Es también durante su vida londinense cuando escribe su tesina sobre Ford Madox Ford y descubre, en una librería de segunda mano, las obras de Samuel Beckett. *Youth* finaliza con la posibilidad de un nuevo horizonte: una beca Fulbright para llevar a cabo su tesis doctoral en EE. UU. De hecho,

---

[20] Traducción propia: «Aquel que quiera comprender al poeta debe visitar su tierra».

[21] Sobre este sentimiento de *displacement* trata un interesante artículo titulado «J.M. Coetzee: Alegorías y metáforas de un escritor del exilio» (2008) de Fernando Galván. En él se enfatiza que los cambios de residencia de Coetzee a Inglaterra, posteriormente a EE. UU. y a Australia forjaron, seguramente, una parte de su carácter que se refleja en sus obras y que es constante en autores postcoloniales. Observa Galván que su literatura está cargada, por ello, de «metáforas del exilio y de la diáspora» (3).

Coetzee se mudó allí en 1965 y defendió su tesis[22] en la Universidad de Texas en 1969. El autor al que dedica su meticuloso estudio, Beckett —que alternó el francés y el inglés en sus escritos—, es una gran y clara influencia en muchas de sus obras[23], tal y como él mismo reconoce: «Beckett has meant a great deal to me in my own writing—that must be obvious. He is a clear influence in my prose» (Coetzee 1990, 25). En 1969 ocupa un puesto de profesor en la Universidad de Nueva York, pero debe regresar a su país cuando se le deniega el permiso de residencia por haber participado en una protesta en la State University of New York (SUNY)[24].

Aunque *Youth* no ofrece tantas reflexiones sobre el lenguaje como *Boyhood*, enfatiza su protagonista que el afrikáans le hace sentirse en casa cuando lo habla con Ilse, una de sus primas, y su amiga sudafricana en Londres: «For a while they all speak English, then he relents and switches to the language of the family, to Afrikaans. Though it is years since he spoke Afrikaans, he can feel himself relax at once as though sliding into a warm bath» (2002a, 127). Sin embargo, una vez salen a dar un paseo y siguen comunicándose en este idioma, John retoma el paralelismo entre el afrikáans y el *apartheid*, y reflexiona: «Speaking Afrikaans in this country, he wants to tell her, is like speaking Nazi, if there were such language» (2002a, 127).

Si el afrikáans es la lengua del *apartheid*, John establece también una equivalencia entre otras lenguas, sus culturas y sus literaturas, en especial sus poesías. Esta interpretación de que la lengua es un sistema comunicativo que nos identifica como miembros de una comunidad vendría apoyada también por un comentario que realiza en *Here and Now*: «I agree that one's weltanschauung is formed by the language that one speaks and writes most easily, and to a degree, thinks in» (2014, 72), cita que aparece al comienzo de este capítulo por su vital importancia y que es fácil vincular al relativismo lingüístico[25].

El francés es para John la lengua de la cultura por antonomasia y afirma que desea aprenderla desde los 15 años: «The French are the most civilised people in the world. All the writers he respects are steeped in the French culture» (2002a, 75). Sin embargo,

---

[22]   Titulada *The English Fiction of Samuel Beckett: An Essay in Stylistic Analysis*, este trabajo es un estudio estilístico de los elementos que se combinan repetidamente en la prosa de Beckett. Para ello se sirve de su formación en literatura, pero también en ciencias exactas y sus conocimientos de informática.

[23]   Sería una tarea compleja escoger cuáles son las obras más influidas por el este sentimiento existencialista beckettiano —el de ser mecido por el destino sin rumbo fijo—, ya que muchas de ellas, por ejemplo, *Foe* o *Life & Times of Michael K* reflejan esta percepción.

[24]   Explica Kannemeyer que Coetzee participó junto con otros 44 docentes en marzo de 1970 en una protesta en contra de la intensa presencia policial en el campus de Búfalo. Todos ellos fueron al despacho del rector y se negaron a abandonar el lugar hasta que este los atendiera. Este es el motivo de que fueran arrestados por la policía, juzgados y condenados a 30 días de prisión. Tras la apelación un año después, fueron declarados inocentes y ninguno de ellos llegó a cumplir la pena (2013, 181-182).

[25]   Opiniones semejantes provienen de Steiner, quien en *After Babel* defiende: «each human language maps the world differently» (1975, xiv).

este idioma le resulta difícil y distante, y no logra sumergirse plenamente en la prosa que lee. Sobre el español, dice, es la lengua de César Vallejo y Pablo Neruda que examina en ediciones bilingües y, aunque no consiga comprender algunas palabras, le gusta su sonido: «Spanish is full of barbaric-sounding words whose meaning he cannot even guess, but that does not matter. At least every letter is pronounced» (2002a, 75). En cuanto al neerlandés, expresa que la poesía de Vinkenoog le resulta tediosa y, por extensión, desprecia también su lengua, quizás porque está estrechamente vinculada al afrikáans[26]: «If Vinkenoog is all that Holland can offer, then his worst suspicious is confirmed: that of all nations the Dutch are the dullest, the most antipoetic. So much for his Netherlandic heritage. He might as well be monolingual» (2002a, 77).

El idioma por el que manifiesta sentir más afinidad es el alemán; su sintaxis es similar a la del afrikáans, aunque bastante más compleja. No solo logra leer a Bertolt Brecht y a la poetisa Ingeborg Bachmann en ediciones originales, sino que es capaz de entender la radio de la Alemania del Este. Su simpatía por esta lengua es tal que llega a exclamar: «There are times, reading German, when he forgets he is in a foreign language» (2002a, 76).

3. *SUMMERTIME*: DIFICULTADES DE LA TRADUCCIÓN

Su tercera memoria ficcionalizada, *Summertime* (2009)[27], fue nominada al Premio Booker, aunque no llegó a obtenerlo. Concebida como una obra póstuma, en la que se trata el legado del autor, Coetzee imagina en ella que murió cuando estaba a punto de escribir una continuación de *Boyhood* y *Youth,* que iba a abarcar su regreso a Sudáfrica desde los EE. UU. en la década de los 70. *Summertime* está compuesta por algunos extractos que Coetzee estaba supuestamente escribiendo en aquella época y cinco entrevistas realizadas por un joven biógrafo, el Sr. Vincent, a personas que tuvieron relación con él entre 1972 y 1977. A través de las entrevistas ficticias, Coetzee se perfila como un ser humano distante y solitario, torpe en las relaciones con otras personas, poco apto para labores manuales y gran amante de la música clásica.

La novela da comienzo con una de las notas de los cuadernos del autor apócrifamente fallecido. No es casualidad que esta revele sus pensamientos sobre una noticia que refleja la situación social y política de su país, y que en ella reflexione sobre una matanza a varias personas negras, que el ministro de exteriores sudafricano trata de ocultar, y su sentimiento de culpa:

---

[26]   Durante su estancia en la Universidad de Texas, asistió a cursos de neerlandés y su literatura con el Profesor Francis Bulhof, conocido por sus traducciones de poesía neerlandesa al inglés, y comenzó su labor como traductor con esas lenguas.

[27]   *Summertime* fue traducida como *Verano* por Jordi Fibla Feito y publicada por Modadori en 2010.

So they come out, week after week, these tales from the borderlands, murders followed by bland denials. He reads the reports and feels soiled. So this is what he has come back to! Yet where in the world can one hide where one will not feel soiled? Would he feel any cleaner in the snows of Sweden, reading at a distance about his people and their latest pranks? How to escape the filth: not a new question. An old ratquestion that will not let go, that leaves its nasty, suppurating wound. Agenbite of inwit[28]. (2009, 4)

Summertime vincula de nuevo las lenguas a cuestiones identitarias y nos ofrece algunas opiniones sobre la traducción. Para empezar, una de las entrevistadas, Adriana Nascimento, de origen brasileño, cuenta sus impresiones sobre Coetzee, cuando este visitó su hogar para ofrecer apoyo escolar a su hija. Anteriormente, ya había reconocido su desprecio por los afrikáneres porque «they treated the blacks like dirt» (2009, 159). Sus recuerdos sobre Coetzee son claramente negativos:

> So Manuel brought Mr Coetzee to our flat, and I could see at once he was no god. He was in his early thirties, I estimated, badly dressed, with badly cut hair and a beard when he shouldn't have worn a beard, his beard was too thin. (2009, 160)

A esto debemos añadir que Adriana lo considera incompetente para la enseñanza del inglés por su apellido afrikáner, es decir, porque deduce, erróneamente, que no es un hablante nativo de inglés:

> 'If you don't have a certificate, how come you are Maria Regina's teacher?' I said. 'I don't understand.'
> The answer, which again took a long time to squeeze out of him, was that, for subjects like music and ballet and foreign languages, schools were permitted to hire persons who had no qualifications, or at least did not have certificates of competence. These unqualified persons would not be paid salaries like proper teachers, they would instead be paid by the school with money collected from parents like me.
> 'But you are not English,' I said. It was not a question this time, it was an accusation. Here he was, hired to teach the English language, paid out of my money and Joana's money, yet he was not a teacher, and moreover he was an Afrikaner, not an Englishman. (2009, 161)

A pesar de que Coetzee argumente que posee un fantástico dominio de la lengua, la mujer insiste en que no es lo bastante bueno para su hija y que no desea que esta mezcle palabras de dos idiomas: «'My daughter is not going to be like a parrot that mixes up languages, Mr Coetzee', I said. 'I want her to learn to speak English properly, and with a proper English Accent[29]'» (2009, 161).

---

[28]   «Agenbite of inwit» es el título de una obra confesional de la Edad Media que podría ser traducido al inglés actual como «remorse of inward knowlegde» (remordimientos de conciencia).

[29]   Es curioso que mencione esto, dado que Coetzee no tiene, al menos actualmente, un accento sudafricano marcado.

Resulta relevante que Coetzee caracterice a este personaje de forma fidedigna al reproducir una de las preguntas que formula como si ella no dominara el inglés —recordemos que su lengua materna es el portugués— y así ella expresa: «How long are you a teacher, Mr Coetzee?» (2009, 161), cuando lo natural sería que hubiera utilizado el *present perfect*, que sirve precisamente para vincular acciones pasadas con el presente, y que la oración fuera: «How long have you been a teacher, Mr Coetzee?» (2009, 160)[30].

Por otro lado, aunque la novela está escrita en inglés, nos ofrece un enjambre de préstamos de muchas otras lenguas —alemán, español, francés y portugués— y estos nos indican también que Coetzee ha evolucionado del bilingüismo patente en *Boyhood*, donde insertaba algunos términos afrikáans de difícil traducción, a un plurilingüismo que invade algunas de sus obras[31], fruto de sus numerosas y atentas lecturas, pero también, suponemos, de una búsqueda de expresión exacta. Nos demuestra así que las palabras están cargadas de connotaciones culturales o ideológicas de difícil o imposible traducción y por eso las utiliza en la lengua original.

Hallamos múltiples ejemplos de expresiones en afrikáans —que aparecen traducidas al inglés— cuando su prima Margot le cuenta al Sr. Vincent en una entrevista que John y ella continuaban utilizando esta lengua de adultos. Menciona que se percataba de sus carencias en este idioma, pero explica que: «they have spoken Afrikaans together since they were children; she is not about to humiliate him by offering to switch» (2009, 93). En esa conversación Coetzee reflexiona sobre su identidad:

> Two Afrikaners. Does he really think of himself as an Afrikaner? She doesn't know many real [egte] Afrikaners who would accept him as one of the tribe. Even his father might not pass scrutiny. To pass as an Afrikaner nowadays you need at the very least to vote National and attend church on Sundays. She can't imagine her cousin putting on a suit and tie and going off to church. Or indeed his father. (2009, 95)

Abundan, por otro lado, préstamos[32] del latín, como «dies irae, dies illa» (2009, 6), «mirabile dictu» (30) y «Homo sapiens» (58)[33]; del alemán, «Strafkolonie» (48), «Ich bin der Erstgeborene» (49), «Bagatellenmeister» (82) y «Autobahnen» (143)[34]; del italiano, «prima» (64) y «La donna è mobile» (248); e incluso encontramos uno del español «fin» (84). Destacan sobre todo los extranjerismos del portugués: «Senhora» (155),

---

[30]   Parece que el traductor al español, Jordi Fibla Feito, no se percató de este fallo y tradujo la pregunta a un español correcto: «¿Desde cuándo se dedica a la enseñanza, señor Coetzee?» (2010, 88).

[31]   Es reseñable el número de préstamos que pueden encontrarse en, por ejemplo, *Disgrace*.

[32]   Todos ellos aparecen en cursiva en la edición en inglés.

[33]   Dies irae, dies illa (día de la ira, aquel día) son las primeras palabras de las misas de los difuntos; mirabile dictu se refiere a aquello que es maravilloso de relatar.

[34]   Las palabras en alemán significan: colonia penitenciaria, soy el primogénito, maestro de bagatelas (composición musical ágil) y autopistas.

«brevidades» (159), «caminhonete» (166), «mamãe» (168), «militares» (171), «sublimar» (175), «despachantes» (177), «balet folclórico» (182) y «Brasileira» (200) en el capítulo que se dedica a la entrevista a Adriana; y del francés, «amour propre» (43), «bien-pensant» (66), «salle à manger» (74), «célibataire» (160, 162), «comme il faut» (166), «entre nous» (172), «Francophonie» (222), «agrégation» (222) y «dirigistes» (240)[35].

Otro de los temas más relevantes de *Summertime* es la traducción deficitaria o errónea, tal y como señala López (2013a, 54-55)[36]. Una de las personas entrevistadas en *Summertime*, Sophie Denoël, cuenta que se ofreció como intérprete en una entrevista que ella misma había organizado entre Coetzee y un periodista francés de *Libération* que trataba de obtener información sobre Breytenbach y que no parecía interesado en Coetzee ni en sus obras. La intérprete no es capaz, a pesar de su magnífico dominio del francés, de evitar los malentendidos —en realidad de origen ideológico— entre el periodista y Coetzee, ya que este se refiere a la obra poética de Breytenbach, escrita en afrikáans, de forma despectiva e incluso pregunta por qué utilizar una lengua minoritaria cuando tienen a su disposición una «vrai langue» (2009, 237).

Al mismo tiempo, este fragmento apunta a las dificultades que existen a la hora de traducir un texto de una lengua a otra, tema en el que ha indagado en su última novela *El polaco* y en su artículo «Roads to Translation: How a Novelist Relates to his Translators» (2006). En él Coetzee analiza varias de las traducciones de sus obras y se congratula de que algunos traductores se pongan en contacto con él para solventar diferencias culturales que apenas pueden traducirse, ya que es obvio que los términos están repletos de significados que vienen dados por la cultura en la que estamos inmersos y que no es posible traducir unidireccionalmente en otra cultura. Además, haciéndose eco del relativismo lingüístico, menciona que las palabras no existen de la misma manera en todas las lenguas. La persona que traduce debe, por lo tanto, y como bien decía Umberto Eco en *Decir casi lo mismo: la traducción como experiencia* (2003), encontrar la manera de trasladar el significado de un texto a otra lengua de una forma práctica:

> The necessary imperfection of translation – brought about in the first place by the incapacity of any given target language to supply for each single word in the source language a corresponding single word that would cover, precisely and without overlap, the denotation of the original and its major connotations to boot – is so widely accepted that the translator becomes accustomed to aiming for the best possible translation rather than a hypothetical perfect one. (Coetzee 2006, 216)

Como él mismo señala, sus escritos no reflejan ninguna variedad sociolingüística, tan compleja de traducir; incluso sus diálogos no se hacen eco, en general, del lenguaje

---

[35] Se pueden traducir como amor propio, santurrones, comedor, soltero, como es debido, entre nosotros, francofonía, oposición que convoca el Estado francés para el profesorado y dirigentes.

[36] Está presente también en *Slow Man* (2005) y en su última novela *El polaco* (2022).

informal. Sin embargo, subraya Coetzee una característica esencial de su obra: «I some-times use words with the full freight of their history behind them, and that freight is not easily carried across to another language». Esta es, sin duda, una de las mayores dificultades que entraña la traducción de su obra literaria[37].

Otra de sus reflexiones sobre las diferentes lenguas puede encontrarse en una entrevista concedida a Jean Sévry:

> What I like about English and what I certainly don't find in Afrikaans, what does not exist in Afrikaans, is a historical layer in the language that enables you to work with historical contrasts and oppositions in prose – prose is my medium. Secondly, there is a genetic diversity about the language, which after all is not only a Germanic language with very heavy romance overlays, but is also a language which is very receptive to imported neologisms so that macaronic effects are possible – you can work with contrasts in the etymological basis of words. (1985, 2)

Indaga asimismo en «Roads to Translation» en algunos retos lingüísticos como lo es la traducción de ciertas especificciones morfológicas; por ejemplo, Coetzee es consciente de la complejidad de traducir oraciones en inglés que contienen el sufijo «–ing» al alemán, sin que esto implique convertir la frase en un ejercicio gramatical rimbombante, y lo sencillo que resulta hacerlo al francés con los participios presentes que acaban en «–ant». También señala algunas traducciones erróneas que dan lugar a frases incomprensibles: «In the Italian version of *Dusklands*, a man opens a wooden crate with the help of a bird (what I wrote was that he used a crow, that is, a crowbar)» (2006, 213) [38]. En este caso, la persona que traduce no ha tenido en cuenta la polisemia de la palabra[39].

Otra de sus acercamientos al lenguaje en *Summertime* es que John comenta: «In the afterworld there are no language problems. It's like Eden all over again» (2009, 96), quizás se refiera a un mundo en el que las diferentes lenguas no sean impedimento para la comprensión. Todo esto demuestra que Coetzee ha reflexionado largo y tendido sobre las lenguas y su importancia ideológica.

---

[37] Por ejemplo, la palabra *boy* en inglés sudafricano se refiere no solo a un niño, sino también a un hombre negro que trabaja para otras personas en una relación laboral de servilismo. Esta palabra tiene unas connotaciones negativas porque está ligada al *apartheid*. Es, por lo tanto, especialmente difícil de traducir a otras lenguas.

[38] Nótese el parecido de las palabras *crow* (cuervo) y *crowbar* (palanca).

[39] Tampoco la tiene el traductor al español de *In the Heart of the Country* cuando traduce el verbo *stab* como *apuñalar* en una oración donde significa apuntar con el dedo: «Who is behind my oppression? You and you I say, crouching the cinders, *stabbing* my finger at father and stepmother» (1977, 5, cursiva nuestra). El texto en español discurre de la siguiente manera: «Quién se esconde tras mi opresión? Tú y tú, digo al tiempo que remuevo las ascuas, al tiempo que *apuñalo* a mi padre y a mi madrastra» (2003b, 12) y da lugar a un argumento completamente diferente en el que la protagonista trata de matar a su padre y a su madrastra cuando realmente se dice que los está señalando y culpabilizando de su situación. Para un análisis más exaustivo leer: «Accomplishments and Inaccuracies in J.M. Coetzee's *In the Heart of the Country*'s Translation into Spanish» (Álvarez Sánchez, 2017).

Capítulo 3
Coetzee: la mirada de un fotógrafo

In Rondebosch John developed into a competent photographer
and acquired a small camera, firmly convinced it was intended for espionage.
He converted a spare room into a darkroom to develop his photographs.

(Kannemeyer *J.M. Coetzee*, 63)

1. ANTECEDENTES DE LA EXPOSICIÓN

Al comienzo de esta obra ya mencionamos que las áreas de interés de Coetzee son amplias y que incluyen no solo la literatura y el cine, sino también otras formas artísticas de expresión. Una de las actividades a las que se ha dedicado desde una edad temprana, y de hecho una bastante relevante, es la fotografía. No es baladí que las imágenes ganen importancia en toda la ficción de Coetzee de diferentes maneras, como explicaremos en este capítulo. En una entrevista con Wittenberg, Coetzee cuenta que comenzó a interesarse por la fotografía de joven, ya que adquirió una cámara en miniatura por correo y más tarde una Wega de 35 mm (una copia italiana de la famosa Leica), y desarrolló una pasión por la fotografía a una edad muy temprana (2018a, 8). Algunas de esas fotografías, que Coetzee tomó entre 1955 y 1956, se mostraron por primera vez en una exposición comisariada por Wittenberg y Farzanah Badsha. Esta se celebró en el Museo Irma Stern[1] de Ciudad del Cabo entre finales de 2017 y principios de 2018 tras haber sido presentadas en una conferencia en Oxford en septiembre de 2017. El museo está situado en Rondebosch, el barrio residencial en Ciudad del Cabo en el que Coetzee vivió unos años, y también se ubica muy cerca de la Universidad de Ciudad del Cabo, donde impartió docencia hasta 2003.

Esta exposición ha sido hasta ahora la primera y única ocasión en que las fotografías de Coetzee se han mostrado al público. La mayoría de los negativos de 35 mm ni siquiera se habían impreso como positivos con anterioridad. Fueron donados a Wittenberg

---

[1] El centro bien merece una visita, ya que alberga la colección permanente de la pintora y ceramista expresionista sudafricana que le da nombre, donde ella vivió y trabajó durante la mayor parte de su vida. Cabe destacar que Stern introdujo el modernismo y el expresionismo en las artes plásticas en Sudáfrica (Harmsen 1985, 240).

cuando Coetzee vendió su apartamento de Ciudad del Cabo en 2014, donde habían estado almacenados durante décadas. Parte del material estaba en mal estado, por lo que los negativos se escanearon digitalmente y se enviaron para su depósito en el Centro Harry Ransom (Texas), donde se encuentra la mayoría de los manuscritos, correspondencia, fotografías, recuerdos familiares y material de investigación de Coetzee. Tal y como explica Wittenberg en su introducción a *Retratos de infancia*, «algunas de las fotografías son facsímiles de los negativos originales que el joven Coetzee amplió y reveló en su cuarto oscuro de entonces» (2020, 7). El propio autor, que ahora vive en Australia, visitó la exposición en enero de 2018 y ofreció una lectura pública durante la que proyectó una serie de estas fotografías mientras leía extractos de *Boyhood* (1997), que se centran precisamente en el periodo durante el que se tomaron estas fotografías. De ahí, el título de la exposición: «Photographs from *Boyhood*».

2. COETZEE, EL JOVEN FOTÓGRAFO

Las imágenes ilustran la época posterior al traslado de la familia de Coetzee de Worcester a Ciudad del Cabo. Nos permiten ver, a través de los ojos de un niño perspicaz, una retrospectiva de su universo, sus aspiraciones y preocupaciones; presentan por ello tanto autorretratos como austeros retratos de su familia. Encontramos asimismo imágenes de su vida escolar en el St Joseph's Marist College —incluidas las clases, las competiciones deportivas, el alumnado y el profesorado—, de una estantería ordenada y libros que le interesaban (T.S. Eliot, Keats, Rousseau, Russell), de partituras de Chopin, un tocadiscos, una máquina de escribir y fotografías de fotografías. Algunas de las imágenes, especialmente las que retratan sus clases en la escuela, fueron tomadas a escondidas. Otras, como es el caso de los autorretratos, fueron cuidadosamente planeadas y revelan el interés de Coetzee por la cámara como instrumento para experimentar. En ellos se aprecian diferentes perspectivas y un juego con el uso de la luz natural y artificial como uno de los elementos más importantes.

Imágenes 2 y 3. *Autorretratos de Coetzee*
Fotografías tomadas por Coetzee

Como Attwell mencionó en la conferencia donde se presentaron las imágenes en Oxford (2017), la relación de Coetzee con la cámara era realmente excepcional, y sus fotografías son la prueba de sus experimentos con las perspectivas, las sombras y la velocidad de obturación, algo muy poco habitual en una persona tan joven. Un par de fotografías especialmente interesantes son las de su hermano David saltando desde una escalera de mano.

Imágenes 4 y 5. *David Coetzee, hermano del autor, en su jardín*
Fotografías tomadas por Coetzee

Las imágenes son fruto de un experimento técnico en el que Coetzee juega con la perspectiva, el espacio tridimensional y la velocidad de obturación, pero también capturan un momento de alegría compartido entre hermanos.

Otra de ellas, donde se aprecia que Coetzee está llevando a cabo un ensayo, puede interpretarse como el resultado de un intento de inmortalizar un momento importante para el joven, pero también es un juego de luz y sombra, puesto que la fotografía se ha tomado en el momento exacto en el que se produce la llama.

Imagen 6. *Coetzee llevando a cabo experimentos*
Fotografía tomada por Coetzee

3. FOTOGRAFÍAS Y LITERATURA

Además, estas fotografías demuestran hasta qué punto Coetzee estaba siendo influenciado por este arte durante sus primeros años de adolescencia y de su vida posterior, y proporcionan una nueva visión de sus escritos, en los que las imágenes desempeñan un papel importante. Por un lado, en una de sus entrevistas con Attwell, Coetzee admitió que *In the Heart of the Country* (1977) muestra la influencia del cine y la fotografía (1992, 59). Por otro lado, como se menciona en la entrevista con Wittenberg, las imágenes que aparecen en su ficción introducen un importante momento de revelación de la verdad. También Ayala Amir señala que «the ambivalent connection to the truth is but one of several aspects of photography that Coetzee uses, and the shutter image is part of a group of photographic images scattered through his work» (2015, 59). Por ejemplo, su primer relato, «The Vietnam Project» (1974), cuenta la historia de un mitógrafo estadounidense llamado Eugene Dawn y su implicación emocional en la cruenta guerra de Vietnam. Este protagonista lleva consigo un puñado de fotografías que revelan el sufrimiento humano durante la guerra[2] y las examina regularmente para analizar los efectos de la tortura. Dawn, a miles de kilómetros del conflicto, pero inmerso en las circunstancias históricas que la han provocado, sufre sus devastadoras consecuencias. Al final de la novela, pierde

---

[2]   Una de ellas muestra a un soldado estadounidense violando a una niña vietnamita. Otra, a otros soldados sosteniendo las cabezas de dos hombres vietnamitas decapitados.

el control de su vida y se convierte en un enfermo mental. Probablemente, Coetzee elige incluir fotografías en el argumento en aras de representar las atrocidades de las guerras y su impacto en los seres humanos, incluso en aquellos que, como Dawn, no han sido testigos directos de ellas. Pero las imágenes también se convierten, a través de la mirada de Dawn, en lugares epistemológicos del sufrimiento y son ejemplos del temprano compromiso de Coetzee con las figuras de la alteridad y sus circunstancias.

Otro de sus personajes principales, Paul Rayment en *Slow Man* (2005), es un fotógrafo francés jubilado que se enorgullece de poseer una colección de antiguas y valiosas fotografías de mineros australianos. Las utiliza para insertarse en la historia de Australia, el país que le acogió de niño y donde ha pasado la mayor parte de su vida, pero las imágenes sirven también otro cometido. La novela se inicia con un accidente de tráfico que tiene como desenlace que a Paul se le ampute una pierna. Tras abandonar el hospital, regresa a su piso de soltero en Adelaida, donde reflexiona sobre su vida y la sobrevenida situación de dependencia que conlleva su invalidez. En esas circunstancias, conoce a Marijana Jokić, una enfermera de origen croata a la que contrata para que se ocupe de él y de la que se enamora. En un intento por formar parte de su enmarañada vida, Paul comienza a hacerse cargo del hijo adolescente de esta mujer, un chico inestable, y le enseña su preciada colección de fotografías. A pesar de su valor, este intercambia una las imágenes por una copia manipulada digitalmente, en la que ha sustituido a dos personas por miembros de su propia familia. Según Wicomb, «through substitution Drago inserts the Croatian immigrants into the Australian national memory so that the photograph literally binds the past with the future» (2009, 14). Nuestra interpretación es que este no es el simple acto inocente de un adolescente; le sirve a Coetzee para mostrarnos que las fotografías son una de las posibles representaciones de la historia y que, por lo tanto, la historia puede ser sustituida o reinventada, dando lugar a una verdad alternativa.

Las fotografías vuelven a ser importantes en *The Schooldays of Jesus* (2016), una novela con reminiscencias filosóficas que narra la historia de un niño superdotado llamado David, que se convierte en un auténtico apasionado del baile en la Academia de Danza. Esta peculiar escuela está dirigida por el virtuoso Juan Sebastián Arroyo y su bella esposa Ana Magdalena, que es reiteradamente descrita como un espíritu agraciado. En la novela contamos asimismo con un siniestro personaje llamado Dmitri, que se declara encaprichado de ella. Caracterizado como un hombre despreciable —por ejemplo, se explica que Dmitri ha recortado fotografías pornográficas de mujeres y que se las enseña a David, entre otras cosas—, es difícil creer que, como él afirma, haya tenido un romance con Ana Magdalena en otra época. Sin embargo, la fotografía que conserva de ella en su juventud —junto con sus cartas de amor— son prueba fehaciente de su relación. En este caso, las fotografías de las revistas lo caracterizan como un hombre de bajas pasiones, pero también demuestran que cuenta la verdad en cuanto a su noviazgo con Ana Magdalena.

Además de estas interpretaciones en cuanto a algunos de los argumentos de sus obras, las fotografías de la exposición son también reveladoras, puesto que sugieren posibilidades y paisajes que Coetzee desarrolló más tarde en sus escritos. En su mayoría nos hablan de su vida de adolescente, y esta es la conexión más obvia que se puede establecer al observarlas. Por lo tanto, también interactúan con sus primeras memorias noveladas, como sugiere el título de la exposición. Probablemente no sorprenda que varias de las fotografías de la exposición se centren en su madre, Vera, de cuarenta y pocos años, y de hecho es aquí donde comienza la exposición. En ellas se la capta en su rutina diaria (tejiendo, hojeando un periódico, leyendo a su segundo hijo, David, y durmiendo), o simplemente absorta en sus propios pensamientos.

Imagen 7. *Vera Coetzee en la puerta de la cocina*
Fotografía tomada por Coetzee

Como se cuenta en *Boyhood*, John veneraba a su madre: «He cannot imagine her dying. She is the firmest thing in his life. She is the rock on which he stands. Without her he would be nothing» (1997, 35). La admiración por ella es asimismo patente en el discurso que pronunció en la entrega del Nobel, donde se acuerda de ella y afirma irónicamente: «[F]or whom, anyway, do we do the things that lead to Nobel Prizes if not for our mothers?» (2003b). También contamos con una única imagen del padre, Jack (Zac), siendo reprendido por Aunie, la tía de Vera. Probablemente, Coetzee tomó esta fotografía en secreto y nos sirve para vincularla a los sentimientos contradictorios hacia su padre. Cuenta Kannemeyer, su único biógrafo autorizado, que Jack Coetzee fue una gran ausencia para John durante sus primeros años de vida, ya que tuvo que abandonar a su familia para participar en la Segunda Guerra Mundial en 1942[3]. Cuando regresó

---

[3]   Sudáfrica se unió a la Segunda Guerra Mundial tras la invasión de Polonia en 1939.

a casa en 1945, Coetzee estaba muy orgulloso de su padre, pero pronto descubrió que consumía grandes cantidades de alcohol, era incapaz de mantener un trabajo estable e incurría en graves deudas (Kanemeyer 2013, 75).

Por otra parte, algunas de las imágenes están dedicadas a libros que le interesaban. Una de ellas capta la biblioteca de su tía Aunie con «shelves full of books» (1997, 107). También se conserva una fotografía de la biblioteca que había logrado crear en aquella época, que incluía libros de importantes filósofos como Descartes, Hobbes, Kant, Locke, Pascal, Platón, Spinoza y Rousseau, entre otros, lecturas que no suelen abundar entre personas de tan corta edad.

Además, dedica su mirada a la vida escolar en el St. Joseph College, la escuela católica a la que asistió en Rondebosch. Hay bastantes retratos de las clases, que obviamente indican la importancia que la escuela tenía en su vida y muchas dedicadas al cricket, que plasman su pasión por este deporte y su trascendencia en Sudáfrica[4]. En la entrevista con Wittenberg, Coetzee menciona que participó en un club de fotografía en su colegio y que, de hecho, fue uno de sus impulsores (2018a, 10). La mayoría de estas imágenes se centran en las lecciones escolares, los profesores y los compañeros de clase. Uno de ellos es Nick Stathaki, con quien compartía la pasión por los deportes (Kannemeyer 2013, 41), y de quien sigue siendo amigo.

Cabe señalar que dos fotografías muestran el paisaje de Voëlfontein, la granja donde pasó largas vacaciones hasta su duodécimo año aproximadamente y donde jugaba con los niños «coloured»[5] (Kannemeyer 2013, 45). Voëlfontein ha desempeñado un papel esencial en la vida de Coetzee, como menciona en *Boyhood* y hemos explicado en el capítulo anterior.

Imagen 8. *Vöelfontein, granja de la familia paterna de Coetzee*
Fotografía tomada por Coetzee

---

[4]   El cricket es uno de los deportes más populares en Sudáfrica.
[5]   En Sudáfrica, el término *coloured* designa a las personas de raza mixta.

La granja de la familia estaba situada en el Karoo, una región semidesértica de la meseta interior del país, en Sudáfrica, donde se establecieron algunos campesinos y practicaron una agricultura de subsistencia hasta principios de los años treinta del siglo pasado. Esta idea de un paisaje idílico donde los seres humanos pueden practicar una economía —o incluso una filosofía— de subsistencia es un tema que Coetzee desarrolla en su novela *Life & Times of Michael K*, como hemos apuntado anteriormente. De hecho, Coetzee ha escrito mucho sobre el paisaje y su relación con él. Al aceptar el Premio Jerusalén[6], habló del fracaso de los colonizadores a la hora de amar a Sudáfrica, «not just Africa the rocks and bushes and mountains and plains but the country and its people» (1992, 61). La crítica a la idealización de la naturaleza —y la exaltación a la conexión con el *veld*— es un tema recurrente en la obra coetziana y uno al que el autor dedica unas palabras en este discurso, donde censura la hipocresía de la querencia de los colonizadores por la naturaleza:

> At the heart of the unfreedom of the hereditary masters of South Africa is a failure of love. To be blunt, their love is not enough today and has not been enough since they arrived on the continent; furthermore their talk, their excessive talk, about how they love South Africa has constantly been directed toward the land, that is, toward what is least likely to respond to love: mountains and desserts, birds and animals and flowers. (1992, 97)

4. Despertar ético

Además, estas fotografías resultan relevantes porque registran la situación política y social de la Sudáfrica de ese momento, y nos permiten descubrir la mirada de Coetzee en aquella época y desvelan que la semilla de algunos de los temas que sigue tratando hoy estaban ya presentes en su juventud. Así, ilustran su despertar ético al mostrar relaciones de poder y servilismo, un tema que Coetzee ha analizado de forma brillante. Algunas de las imágenes retratan a dos de los empleados de su familia paterna en Vöelfontein, Ros y Freek, ignorantes de la cámara e inmersos en sus propios pensamientos, e iluminan el interés y quizás la fascinación de Coetzee por las personas con las que no podía establecer relaciones recíprocas y por sus vidas.

---

[6] Este premio, que se otorga a escritores cuyo trabajo se distingue por la lucha de la libertad, le fue concedido a Coetzee en 1987. Lleva entregándose a escritores extranjeros bienalmente desde 1963 y entre los galardonados se encuentran, por ejemplo, Simone de Beauvoir, Octavio Paz, Susan Sontag y Antonio Muñoz Molina.

Imagen 9. *Ros y Freek en la playa*
Fotografía tomada por Coetzee

En esta imagen, una de las más bellas de la exposición, Ros y Freek ocupan la parte central de la fotografía y parecen mirarse. Mientras que la sociedad del *apartheid* comienza a dejarlos al margen de sus prioridades y los ignora como seres humanos, Coetzee los fotografía en el centro de su composición y antepuestos a los niños de su propia familia, privilegiados de la época. El negro de sus trajes y piel es un bello contraste con el blanco de la arena de la playa de Strandfontein en Ciudad del Cabo y la foto (y otras que tomó ese mismo día) inmortaliza la primera vez que vieron el mar. Esta playa, cuenta Wittenberg en su introducción a *Retratos de infancia* (2020), se convirtió —tras la promulgación del Separate Amenities Act en 1953 (Ley de segregación en los lugares públicos)— en un lugar restringido para personas no blancas y «la cámara de Coetzee registró una época que estaba desapareciendo a marchas forzadas y en la que todavía era posible que personas blancas y negras fueran juntas al mar» (20). Además, la exposición no solo arroja luz sobre el momento en que se tomaron las fotos y sus intereses personales, sino que marca una época en la que Coetzee comienza a definirse como artista, e ilustra su preocupación por las desigualdades.

A Ros y a Freek, su hijo, dedica Coetzee sus pensamientos en varias ocasiones en *Boyhood*. Se refiere a su pertenencia al Karoo, a diferencia de su familia paterna, y a su destreza en los trabajos cotidianos en la granja. Se pregunta asimismo cómo serán sus vidas privadas:

He burns with curiosity about the lives they live. Do they wear vests and underpants like white people? Do they each have a bed? Do they sleep naked or in their work-clothes or do they have pyjamas? Do they eat proper meals, sitting at table with knives and forks? (1997, 85)

En otra fotografía, Ros y Freek probablemente han sacrificado un animal, como se describe en *Boyhood*, y están limpiando los despojos mientras una niña los observa con curiosidad.

Imagen 10. *Ros y Freek limpiando despojos de un animal*
con un hombre más joven y una niña, granja del Karoo
Fotografía tomada por Coetzee

Es revelador que otra de las fotografías que Wittenberg recuperó para la exposición, aunque esta no haya sido aún exhibida al público[7], nos muestre a su perro Tuppy subido a una escalera desde una original perspectiva.

---

[7] Todas las fotografías han sido puestas a nuestra disposición por Wittenberg, quien nos concedió una entrevista con motivo de su exposición que publicamos como «An Interview with Hermann Wittenberg»

Imagen 11. *Tuppy, perro del autor*
Fotografía tomada por Coetzee

El plano contrapicado hace que el perro cobre estatura e importancia, y nos obliga a observarlo como seguramente él observaría a los seres humanos en la mayoría de las ocasiones, desde abajo; la imagen se convierte en un ejemplo de deconstrucción muy sencillo, algo a lo que nos tiene acostumbrados Coetzee en todas sus obras.

Coetzee, el prolífico artista, sigue inmerso en diferentes actividades académicas y culturales. En 2013 fue comisario del proyecto escultórico «Cripplewood»[8] que la artista belga Berlinde de Bruyckere presentó en la Bienal de Arte de Venecia y de cuya colaboración surgió el catálogo artístico *Cripplewood* (2013) en francés, inglés y neerlandés. Aunque en la entrevista de Wittenberg admitió que se interesó por la fotografía porque «it was a manly activity, in contrast to such effeminate activities as composing

(Álvarez Sánchez, 2018).

[8]   La instalación recrea un árbol caído cuyas ramas están pintadas de rojo y remendadas por telas a modo de vendaje.

poetry or playing the piano» (2018a, 8), sabemos, por la biografía de Kannemeyer, que se trata de un interés que ha seguido cultivando durante muchos años. De hecho, cuando estudiaba en la Universidad de Ciudad del Cabo, adquirió una cámara de mejor calidad que utilizó durante mucho tiempo. Es muy posible que fotografías posteriores puedan convertirse de nuevo en una exposición que arroje luz sobre su vida y obra.

Capítulo 4

Disgrace: el fracaso del lenguaje del privilegio en la Sudáfrica del *postapartheid*

> He speaks Italian, he speaks French,
> but Italian and French will not save him
> here in darkest Africa.
>
> (Coetzee *Disgrace*, 95)

1. INTRODUCCIÓN

Cuando Coetzee publicó *Disgrace* (1999)[1] ya era un escritor consagrado a nivel internacional. La novela fue galardonada con el Premio Booker y lo convirtió en el primer autor que lo ganaba por segunda vez[2]. Además, en el año 2004, *Disgrace* fue preseleccionada para el galardón The Best of the Booker, que conmemoró el 40 aniversario del Booker, y que fue finalmente otorgado por votación popular a *Midnight's Children* (1981) de Salman Rushdie[3]. Según Elleke Boehmer, *Disgrace* impulsó la canonización de su autor y preparó el camino para que recibiera el Premio Nobel de Literatura en 2003 (2006, 135). Esta es, sin duda, la novela coetziana más leída y discutida, y lectura obligatoria en muchos cursos de literatura en inglés. Si bien su argumento parece más sencillo que el de novelas anteriores, sus interpretaciones demuestran que no lo es tanto.

Además, si algo define la recepción de *Disgrace* es precisamente la abrumadora cantidad de atención crítica que ha suscitado desde su publicación —no todos los acercamientos han sido positivos— y la variedad de opiniones que se han expresado desde los más diversos puntos de vista; también el hecho de que, a pesar de las censuras

---

[1] La novela fue traducida al español por Miguel Martínez-Lage y publicada como *Desgracia*. Javier Marías, gran admirador de Coetzee y reconocido traductor, defendió que *Deshonra* sería una traducción más fidedigna del título. Lo cierto es que el sustantivo *desgracia* suele referirse a accidentes o sucesos fortuitos y lo que acontece al protagonista está directamente relacionado con su comportamiento y acercamiento al mundo.

[2] Desbancó a autores de la talla de Anita Desai con *Fasting, Feasting* (1999) y a Ahdaf Soueif con *The Map of Love* (1999).

[3] Las otras cuatro novelas que optaron al premio fueron *The Conservationist* (1974) de Nadine Gordimer, *The Ghost Road* (1995) de Pat Barker, *The Siege of Krishnapur* (1973) de James Gordon Farrel y *Oscar and Lucinda* (1989) de Peter Carey.

expresadas, sigue siendo considerada una de las mejores novelas de finales de siglo xx[4] y un clásico según la definición con la que el propio autor nos obsequia en «What Is a Classic?»:

> The classic defines itself by surviving. Therefore, the interrogation of the classic, no matter how hostile, is part of the history of the classic, inevitable and even to be welcomed. For as long as the classic needs to be protected from attack, it can never prove itself classic. (2002b, 19)

Antes de abordar y tratar de comprender algunas de las críticas más inmediatas, resulta relevante recordar cuál era la situación sudafricana en el momento de su publicación y recepción.

1.1. Marco social y político de la Sudáfrica de finales del siglo xx

El argumento de *Disgrace* puede ser fácilmente interpretado como producto del momento histórico en el que fue escrito, no solo por su controvertido contenido, sino también por el turbulento contexto social y político en el que se sitúa. Publicada en 1999, apenas cinco años después de que Nelson Mandela fuera elegido presidente en Sudáfrica en las primeras elecciones celebradas por sufragio universal, su durísimo relato puede dar origen a grandes debates éticos y morales sobre las consecuencias de distintas formas de desigualdad.

La historia del desmantelamiento del *apartheid* puede narrarse como un camino de obstáculos, desencuentros y violencia interracial. Desde finales de la década de los 1980, la situación económica de Sudáfrica era insostenible por las innumerables huelgas, protestas y el aislamiento internacional que la segregación conllevaba para el país. En 1989, Frederik de Klerk, líder del NP, asumió la presidencia y comenzó a explorar la posibilidad de poner fin al *apartheid*. A comienzos de 1990 pronunció un discurso en el Parlamento que terminaba con la segregación racial, fruto de ese discurso fueron la derogación de todas las leyes segregacionistas, la legalización del partido socialdemócrata ANC y la liberación de los prisioneros políticos de forma incondicional —entre ellos se encontraba Nelson Mandela, que llevaba en la cárcel de Robben Island 27 años[5]—. Pocos días después, Mandela se convirtió en un hombre libre y en un icono mundial que lucharía por la paz, la reconciliación y el progreso de su país hasta su muerte en 2013[6].

---

[4] Así lo expresa, por ejemplo, Felix de Azúa: «La que probablemente sea una de las mejores novelas de los últimos cincuenta años y quizás la mejor de su autor tiene una desusada densidad argumental» (2020, 15).

[5] Durante su reclusión, cuenta Rita Barnard (2014, 1), estaba prohibido compartir y publicar fotos suyas.

[6] A pesar de estos logros, nos recuerda Philip Bonner (2014, 30) que Mandela creía que la única solución al *apartheid* era la lucha armada y así lo defendió en su partido en 1961.

Hubo que esperar a 1991 para que 27 fuerzas políticas firmaran un acuerdo de paz a fin de favorecer una transición pacífica. Sin embargo, algunos militantes del NP convocaron un referéndum en el que se preguntaba a la población blanca si se debía continuar con las negociaciones y la respuesta fue negativa. El desgaste social era feroz y la tensión entre los diferentes grupos étnicos y raciales parecía insuperable; muchos de ellos estaban ávidos de violencia y venganza tras décadas de segregación[7].

Es reseñable que de Klerk y Mandela trabajaran conjuntamente, a pesar de sus muchas diferencias, para poner fin a la ola de violencia que azotaba las calles. No en vano ambos recibieron el Premio Nobel de la Paz en 1993. El resultado de las negociaciones entre varios partidos fue una Constitución provisional, promulgada en 1993, y la creación de un consejo ejecutivo que supervisaría la organización de las primeras elecciones libres y democráticas, en las que Mandela (líder del ANC) se convirtió en presidente de la República de Sudáfrica en 1994[8]. Con el nuevo Gobierno comenzó un proceso que pretendía redistribuir la riqueza que estaba en manos de la minoría blanca. Entre sus logros destacan no solo la plena igualdad legislativa, sino también la implantación de la asistencia médica gratuita para los menores de seis años y mujeres embarazadas; el acceso al agua potable para unos tres millones de personas y a la electricidad para unos dos millones; la mejora de los derechos básicos de los trabajadores, y que aquellos ciudadanos a los que se les habían arrebatado sus tierras pudieran reclamarlas gracias a la Restitution of Land Rights[9] de 1994, algo que es relevante en *Disgrace*. Sin embargo, Boehmer (2008, 80) señala que, a pesar de las esperanzas puestas y los grandes esfuerzos realizados por el Gobierno para que su país se reconciliara, se mitigaran las enormes desigualdades económicas y sociales y se lograra prosperar, al final del mandato de Mandela, el legado era desesperanzador; en parte porque Sudáfrica tenía que adaptarse aún a las exigencias neoliberales de un mundo económico global y los grandes proyectos más básicos —como la electrificación de los pueblos, la educación y la sanidad universal— no habían hecho más que comenzar[10]. Además, describe

---

[7]   Por ejemplo, en 1992 tuvo lugar la llamada Masacre de Boipatong, en la que perdieron la vida 45 personas a manos de seguidores del partido Inkatha Freedom, rival del ANC, y en septiembre de ese mismo año murieron un soldado y 28 seguidores del ANC en la Masacre de Bisho. Estos últimos formaban parte de una manifestación donde unas 80 000 personas reclamaban un sistema democrático en Ciskei (un bantustán que se había declarado independiente en 1981).

[8]   Conocido por su insistencia en la reconciliación y en el perdón, Mandela gobernó Sudáfrica de 1994 a 1999 con de Klerk como vicepresidente, el hombre líder del partido bajo cuyo mandato fue enviado a la cárcel.

[9]   Hasta 2019 se presentaron unas 80 000 reclamaciones gracias a esta Ley de restitución de tierras.

[10]   Tengamos en cuenta que Mandela comenzó su mandato con un país de 40 millones de habitantes donde más de la mitad de la población carecía de electricidad y casi un tercio, de agua potable.

la Sudáfrica de la época como un país azotado por una fuerte ola de violencia a la que el cuerpo de policía, mal pagado y corrupto, no lograba poner fin[11].

Disgrace se hace eco de todos estos cambios políticos, sociales y de la incertidumbre del momento, aunque no haya alusión directa al desmantelamiento del *apartheid*. Su egocéntrico protagonista deberá encontrar su lugar en una nueva Sudáfrica, un país que lucha por modernizarse y dejar atrás los mandatos de una política fallida. De esta forma, la novela narra cómo las relaciones de poder han dejado su huella en un presente en el que siguen sucediendo episodios terriblemente violentos y crueles.

Su estudio también resulta más complejo de lo que podría parecer tras una lectura superficial; de esto dan fe no solo las múltiples y muy contradictorias interpretaciones de numerosísimos críticos, sino también el hecho de que la novela sea uno de los textos coetzianos más alusivos, con múltiples y variadas referencias literarias y musicales, de las que Coetzee se sirve para perfilar a los personajes con una profundidad y precisión a la que, por otra parte, tiene acostumbrados a sus lectores.

1.2. Acogida inmediata de la novela y balance actual

Disgrace ha sido aclamada internacionalmente, pero también fue origen de duras diatribas inmediatamente después de su publicación, especialmente desde su propio país, por parte de aquellas personas que entendieron el relato como la representación negativa de la Sudáfrica *postapartheid*. Sería imposible dar cuenta de todos los comentarios que ha suscitado la novela en este apartado; nos referiremos, así pues, a los más significativos.

En primer lugar, el dramaturgo y novelista sudafricano Athol Fugard expresó su indignación sobre el argumento de la novela en una reseña en el *Sunday Times* en 2000 y, en especial, sobre su interpretación de que debamos aceptar la violación de Lucy —la hija del protagonista— como una consecuencia de los errores cometidos en el pasado: «we've got to accept the rape of a white woman as a gesture to all the evil that we did in the past. That's a load of bloody bullshit» (citado en Attridge 2004, 164)[12]. Como contrapartida, nos gustaría señalar el análisis de Dinie Schoorlemmer (2008), que justamente podría servir de respuesta a este reproche, ya que argumenta en contra de una lectura victimista del personaje y sus circunstancias, y realiza un análisis feminista en el que exalta su entereza y valor al no ceder al miedo. Otros críticos, políticos y autores, en su mayoría sudafricanos, manifestaron opiniones similares a la de Fugard en el año posterior a su publicación. Incluso Salman Rushdie (2000) censuró la novela al interpretar que Coetzee no proporciona a los lectores personajes

---

[11]   Por ejemplo, a pesar de los esfuerzos de Klerk en poner fin al *apartheid* y a la violencia, en 2001, su exesposa, también integrante del NP, fue asesinada en su casa por un hombre negro.

[12]   Nos sorprenden estas opiniones, dado que el propio Fugard admitió no haber leído el libro.

capaces de comprender a los demás, algo que, en realidad, consideramos una de las fortalezas del argumento.

Además, *Disgrace* fue considerada una obra eminentemente racista por algunos miembros del ANC, que acusaron públicamente a Coetzee de explotar los estereotipos racistas de los que se había servido el *apartheid*. De hecho, la novela fue uno de los ejemplos que se citaron en los resultados de la investigación sobre los derechos humanos que dicho partido llevó a cabo, donde se hace hincapié en la supuesta caracterización estereotipada de los personajes negros como personas inmorales y salvajes, y la violencia a la que están expuestas los blancos:

> In the novel, J M Coetzee represents as brutally as he can, the white people's perception of the post-apartheid black man...It is suggested that in these circumstances, it might be better that our white compatriots should emigrate because to be in a post-apartheid South Africa is to be in their territory, as a consequence of which the whites will lose their cards, their weapons, their property, their rights, their dignity. The white women will have to sleep with the barbaric black men. (2006, 1)

Rosemary Jolly defiende que esta interpretación racista de la obra fomenta una lectura que niega una de las variables que *Disgrace* explora: la sistematización de la violación de la mujer blanca en Sudáfrica (2006, 149), uno de los denominados miedos de las personas blancas (que Solomon Plaatje denominó *white peril*)[13]. Es fácil imaginar que Coetzee era perfectamente consciente de la tensión que suscitaría la narración de un crimen en el que tres hombres supuestamente negros[14] ejercen una gran violencia contra una familia blanca. Sin embargo, no podemos olvidar que Coetzee también perfila una novela que refleja la realidad sudafricana del momento[15]. Las estadísticas en Sudáfrica sobre la violencia sexual contra las mujeres (independientemente de su raza) se encuentran entre las más altas del mundo (Jewkes *et al.*, 2009) y la gran mayoría de los casos ni siquiera se denuncia. Es evidente que, desde el final del *apartheid*, y a

---

[13]   El NP basó parte de su campaña electoral de las elecciones de 1994 en visibilizar el aumento de violaciones de mujeres blancas por hombres negros, como demuestran los pósteres electorales de la época.

[14]   Coetzee no especifica el color de la piel de sus personajes, por lo que somos los lectores quienes lo interpretamos teniendo en cuenta su caracterización y las situaciones en las que se desarrollan los argumentos.

[15]   David Smith explica en *The Guardian* que: «a woman in South Africa is more likely to be raped than to learn to read» (2011, 1).

pesar de que algunos miembros del ANC lo desmientan[16], las agresiones sexuales contra las mujeres se han disparado hasta revelar una verdadera epidemia[17].

Muchas otras reseñas, que no tardaron en aparecer, fueron muy positivas. Paul Bailey alabó la complejidad de la novela en *The Independent;* Jochen Hieber entendió que *Disgrace* ofrece una maravillosa descripción de la naturaleza del ser humano en el *Frankfurter Allgemeine Zeitung;* James Wood señaló que existen pocos autores tan ingeniosos e inteligentes como Coetzee en *The New Republic*, y Christopher Lehmann-Haupt exaltó el amor de Lucy por la naturaleza en *The New York Times*[18]. Una de las críticas más positivas es el artículo «Like a Dog» (1999) de Elizabeth Lowry, que analiza la obra teniendo en cuenta la larga trayectoria del autor y la magnífica utilización de sofisticadas estrategias que evidencian y critican el legado de las políticas expansionistas y colonialistas europeas. Lowry considera *Disgrace* la mejor novela coetziana hasta el momento y advierte que no debemos leerla como una simple representación de la realidad sudafricana.

Más de dos décadas tras su publicación, el balance interpretativo de la obra es abrumador. En los últimos años han aparecido al menos dos colecciones de ensayos que indagan en ella (McDonald 2009; y Wright *et al.* 2014) y un libro introductorio (van der Vlies 2010), además de extensos capítulos en monografías que tratan la obra de Coetzee (por ejemplo, Attridge 2004; Hayes 2010; y Jolly 2006). La rica variedad de interpretaciones queda recogida en los numerosísimos artículos que han ido surgiendo, y que han defendido diferentes análisis, por ejemplo: antipastoral (Barnard 2003), ético (Marais 2013), feminista (Boehmer 2002; Graham 2003; y Schoorlemmer 2008) e intertextual (Casey Sutcliffe 2009; y López 2013b)[19], entre otros.

---

[16]   Una periodista víctima de violación interracial, Charlene Smith, contó en un artículo de *The Guardian* de 1999 el calvario no solo del delito sexual y su apuñalamiento, sino también el trato vejatorio que recibió por parte de la policía y del personal sanitario que la obligaron a deambular por diferentes clínicas hasta que, tras horas de espera, consiguió la medicación que impide el contagio del sida. En un artículo posterior (1999b) reflexiona sobre la epidemia de violaciones en Sudáfrica, la indefensión de las víctimas y la pésima gestión del Gobierno, y menciona: «One in three girls under the age of 16 has been sexually abused, and one in five boys». Como respuesta, Thabo Mbeki, presidente de Sudáfrica entre 1999 y 2008, la tachó de racista y negó que la violación fuera un problema crónico en su país.

[17]   Un análisis llevado a cabo en 2009 por el consejo de investigaciones médicas, publicado por Rachel Jewkes *et al.*, y basado en entrevistas anónimas a unos 2000 hombres de entre 18 y 49 años de distintos grupos raciales y niveles socio-culturales reveló que al menos el 27,6 % había violado a una mujer en el pasado reciente (el 8,9 % de forma grupal) y, que para casi la mitad de ellos (un 46,3 %) la violación no había sido un hecho aislado, es decir, que habían agredido a más de una mujer o a la misma en varias ocasiones. Además, llama la atención la temprana edad del inicio de estas agresiones: el 9,8 % con menos de diez años y el 16,4 % cuando tenían entre diez y 14.

[18]   Una lista completa de las reseñas puede encontrarse en: <http://www.complete-review.com/reviews/coetzeej/disgrace.htm>.

[19]   Patricia Casey Sutcliffe indaga en la intertextualidad con el *Faust* de Goethe en «Saying it Right in *Disgrace*: David Lurie, Faust and the Romantic Conception of Language» (2009) y López examina la influencia

Hemos comenzado este capítulo señalando y valorando algunas de las diversas opiniones que ha suscitado *Disgrace* y el contexto de su publicación. Teniendo en cuenta la cantidad de estudios que se han dedicado a la novela, somos conscientes de la complejidad de aportar ideas originales. En aras de contribuir con reflexiones novedosas, nuestro análisis se centra, en primer lugar, en la caracterización privilegiada —y romántica— del protagonista, que vendrá dada por su dominio del inglés y de los cánones literarios y musicales europeos que utiliza con maestría, dando muestras de un juego intertextual con textos clásicos occidentales. Indagaremos también en cómo la obra evidencia que las lenguas son estructuras de poder y visibiliza los límites del lenguaje desde diferentes perspectivas. Nos serviremos para ello de no solo los múltiples ejemplos de incomunicación entre los personajes que comparten una misma lengua, sino también de la intrusión en el texto de numerosos extranjerismos de difícil traducción y los juegos semánticos de los nombres de los personajes.

2. ASPECTOS FORMALES

2.1. David Lurie: un narrador privilegiado por la literatura

El protagonista de *Disgrace*, David Lurie, se describe en las primeras páginas de la novela como un profesor universitario de 52 años con un marcado apetito sexual por mujeres bellas, pero aparentemente carente de otras grandes pasiones. Como único narrador de la novela, idealiza su relación con Soraya, una prostituta joven con la que se cita semanalmente y con quien cree hacer el amor: «they make love» (1999, 1). David está perfectamente satisfecho con sus encuentros, ya que son intercambios en los que él resuelve «the problem of sex rather well» (1999, 1) y después puede continuar con su vida sin implicarse en ninguna relación estable. Le sorprenden las contradicciones en las que ella incurre, expresando opiniones conservadoras respecto a las turistas que muestran sus pechos en las playas, pero en el mundo cambiante que David describe todo es posible, incluso que una mujer musulmana[20] ejerza la prostitución a tiempo parcial y durante el resto del día lleve una vida completamente respetable. De esta manera, el comienzo de la novela nos alerta sobre cómo las transformaciones sociales del momento dejan su huella en las vidas de las personas. En otro tiempo, durante el *apartheid*, las relaciones interraciales estaban prohibidas. Ahora, David puede saciar sus apetitos por mujeres *exóticas* sin infringir la ley.

---

cervantina en «Miguel de Cervantes and J.M. Coetzee: An Unacknoledged Paternity» (2013b). Otros autores la acercan a obras de la literatura sudafricana; estas son «Coetzee and the Promised Land» (2015) de Mathew Cheney, que relaciona *Disgrace* y *The Promised Land* (1972) de Karel Schoeman, y Michael Gorra en «After de Fall» (1999), que la compara con *The House Gun* (1998) de Nadine Gordimer.

[20]   Van der Vlies interpreta que, tanto por la descripción física de Soraya y la zona donde se menciona que vive, esta pertenece a la comunidad musulmana y proviene, seguramente, de Malasia (2010, 43).

Favorecido por el andamiaje histórico e ideológico de su país y su legado —no es casualidad que haya nacido en 1945, tres años antes de que Reunited National Party ganara las elecciones generales y comenzara la política racial del *apartheid*[21]—, David ha ocupado una posición ventajosa en Sudáfrica y justifica sus acciones respaldado por un mundo patriarcal, racista y colonial (Stratton 2002, 2), en el que goza del privilegio de ser blanco, pertenecer a la clase media y trabajar como profesor universitario de literatura[22], un hombre que cuenta con grandes conocimientos sobre el lenguaje y que, además, sabe servirse de ellos para afianzarse en lo que él entiende que es su derecho al placer. Sin embargo, testigo de una profunda y complicada reestructuración de Sudáfrica tras la derogación de las leyes segregacionistas, David será apartado de todos sus privilegios.

En este sentido, cabe subrayar que se trata de una persona erudita. Se interesa por la literatura romántica y se perfila siguiendo algunas de las características de este movimiento, que enfatiza el individualismo, la libertad, la devoción por la belleza y la veneración por las mujeres y la naturaleza (Chaplin y Faflak, citados en Diehl 2012, 4). De hecho, sus investigaciones académicas versan sobre la literatura europea romántica y sus lenguas. Aunque una profunda reestructuración de la universidad donde imparte sus clases lo ha arrinconado en la enseñanza de cursos prácticos sobre comunicación, algo que detesta, como gesto conciliador, se le permite conservar un seminario especializado y David lo ofrece, precisamente, sobre la poesía romántica británica. Caracterizado como un hombre guiado por la pasión y con un marcado sentimiento de superioridad por encima de otros seres humanos, no cuenta con amigos ni relaciones sentimentales estables; se imagina y cree que es un hombre sensible basándose en sus gustos artísticos. No en vano las referencias a obras literarias y musicales del Romanticismo son abundantes. Algunos de estos ejemplos aparecen ya en las primeras páginas cuando se refiere a Soraya como una «donna mobile» (1999, 3)[23], alude a Charles Baudelaire cuando describe sus encuentros con ella como «luxe et volupté» (1999, 1)[24], compara la satisfacción sexual que cree que ella alcanza con él recordando a Emma en *Madame*

---

[21] El Partido Nacional Reunificado (más tarde, NP) gobernó Sudáfrica entre 1948 y 1994. Ante los fracasos electorales en posteriores elecciones, se anexionó al ANC en el año 2005, paradójicamente después de haber considerado a sus miembros enemigos del Estado y terroristas, y encarcelado a sus líderes.

[22] David imparte docencia en la Cape Technical University. Aunque este centro no exista, se inspira claramente en la Universidad de Ciudad del Cabo, donde Coetzee trabajó durante años (van der Vlies 2010, 19).

[23] La frase *la donna è mobile* proviene del aria de la ópera *Rigoletto* (1851) de Giuseppe Verdi y pone en evidencia que David cree que Soraya se convierte en otras mujeres dependiendo de las preferencias de sus clientes: «No doubt with other men she becomes another woman» (1999, 3).

[24] Del poema «L'invitation au voyage» de *Les Fleurs du Mal* (1857): «Là, tout n'est qu'ordre et beauté, luxe, calme et volupté». Traducción propia: «Allí, todo es orden y belleza, lujo, calma y voluptuosidad».

Bovary (1856) de Gustave Flaubert[25] y para describir el deterioro físico de su hija cita unos versos que exaltan el *carpe diem* y el *collige virgo rosas*: «Qu'est devenu ce front poli, ces cheveux blonds, sourcils voutes?» (1999, 65)[26].

Su relación con Soraya cambia cuando un día la descubre, por casualidad, acompañada de sus dos hijos en un centro comercial. Ella decide, entonces, —como consecuencia de esta intromisión involuntaria en su vida privada— poner fin a sus encuentros. La agencia le ofrece la compañía de otra mujer *exótica*: «Would you like an introduction to another of our hostesses? Lots of exotics to choose from – Malasian, Thai, Chinese, you name it» (1999, 8). No es casualidad que concierten una cita con otra mujer que diga llamarse por el mismo nombre; se visibiliza así el abanico de posibilidades de tráfico de jóvenes de los países asiáticos hacia Sudáfrica y la larga historia de explotación sexual de las mujeres. Sin embargo, la intimidad con ella le resulta insatisfactoria. Obsesionado con la Soraya con quien cree tener cierta afinidad[27], contrata a un detective y consigue su nombre, dirección y número de teléfono. La llama a su casa, donde ella le responde que no lo conoce y que lo denunciará por acoso si vuelve a ponerse en contacto con ella.

Además de un decepcionante encuentro sexual con Dawn, la secretaria del departamento, a quien ignora a partir de entonces, David hace uso de sus prerrogativas como profesor para *seducir* a una de sus alumnas, Melanie Isaacs, que por su edad podría ser su hija[28]. Para ello, la invita a su casa y en un ritual de seducción, reproduce el *Quinteto de clarinete* (1789) de Mozart, una obra popular por sus melodías líricas y muy emotiva[29]. Tras una cena improvisada, ven juntos una cinta de danza de Norman McLaren. Probablemente, por la explicación que da sobre el contenido, se trata de *Narcissus* de 1972[30]. Su tema es importante en la caracterización del protagonista, ya que recrea el mito griego de Narciso, un joven que, al igual que David, se condena a sí mismo por su incapacidad para interactuar con las personas de su entorno y, al mismo tiempo,

---

[25] En el extracto: «He thinks of Emma Bovary, coming home sated, glazen-eyed, from an afternoon of reckless fucking. *So this is bliss!*, says Emma, marvelling at herself in the mirror. *So this is the bliss the poets speak of!* Well, if poor ghostly Emma were ever to find her way to Cape Town, he would bring her along one Thursday afternoon to show her what bliss can be: a moderate bliss, a moderated bliss» (1999, 5-6).

[26] Del poema «Les regrets de la belle Heaulmière» (1461) de François Villon. Traducción propia: «¿Qué ha sido de aquella frente perfecta, los cabellos rubios, las cejas arqueadas?». La poesía trata el cambio físico de una cortesana bella y llena de gracia, que ha envejecido.

[27] David está convencido de que Soraya lo aprecia: «her affinity with him can surely not be feigned» (1999, 3).

[28] Melanie tiene 20 años y es estudiante de su curso de Poesía Romántica. Sobre Soraya, él mismo había mencionado: «technically he is old enough to be her father» (1999, 1). La segunda Soraya apenas ha cumplido los 18 años: «This one is no more tan eighteen» (1999, 8).

[29] David le ofrece a Melanie Meerlust, un vino local que pronunciado en inglés puede entenderse como «mere lust» y que, según van der Vlies (2010, 100), evidencia los deseos de David.

[30] La danza y su filmación son visualmente una muestra de la belleza más absoluta y una puesta en práctica de la maestría técnica de su director.

por amarse por encima de todas las cosas. Según David —recordemos que la historia se cuenta a través de su perspectiva— Melanie se muestra ingenua y confusa. Sin embargo, quizás no es casualidad que mencione que disfruta de las lecturas de Adrianne Rich, Toni Morrison y Alice Walker; las tres son autoras feministas y las dos últimas han denunciado en sus obras el racismo de la sociedad estadounidense y la explotación sexual de las mujeres.

Tras esa noche, el protagonista localiza los datos personales de su alumna y la invita a almorzar esperando impresionarla con la elegancia de un restaurante lujoso. Aunque ella no muestra apetito, David se deleita en su papel de seductor. Una vez en su apartamento, su primera relación sexual es descrita como muy placentera para él, pero ella está completamente ausente:

> On the living room floor, to the sound of rain pattering against the windows, he makes love to her. Her body is clear, simple, in its way perfect; though *she is passive throughout*, he finds the act pleasurable, so pleasurable that from its climax, he tumbles into black oblivion. (1999, 19, cursiva nuestra)

Mientras él cree hacer el amor con su estudiante y describe un momento romántico en el que incluso la naturaleza parece regocijarse —la lluvia golpea los cristales y los aísla del mundo—, no es casualidad que David la observe semidesnuda y piense: «after the storm, he thinks: straight out of George Grosz» (1999, 19)[31]. Justo después, ella parece tener prisa por abandonar el lugar: «Averting her face, she frees herself, gathers her things, leaves the room» (1999, 19).

Durante días David la acosa de diferentes maneras: la sigue en el campus, acecha en sus ensayos teatrales, espera a la puerta de clase. Poco después, se presenta en su casa e irrumpe en ella, dice, guiado por los dictados de Afrodita. Aunque ella le ruega que se vaya: «No, not now!» (1999, 25), David ignora su súplica y la arrastra a su dormitorio. Una vez en la cama, la estudiante le da la espalda y simplemente parece estar ausente durante el acto sexual: «She does not resist. All she does is avert herself: avert her lips, avert her eyes» (1999, 25). En este caso, él mismo establece la comparación de este encuentro con el de una violación[32]: «Not rape, not quite that, but undesired nevertheless, undesired to the core» (1999, 25).

---

[31] Se refiere, seguramente, a *Approaching Storm* (1940), una pintura en la que destaca una mujer semidesnuda, tratando de retener sus ropas, ante una todopoderosa tormenta. El paralelismo con la situación que describe el protagonista y la indefensión de la joven es evidente.

[32] Varios críticos han interpretado esta relación entre David y Melanie como un simple abuso de poder de un profesor hacia una alumna. De hecho, parece que las relaciones entre profesores masculinos y alumnas no son un hecho aislado en Sudáfrica. Así lo constata el artículo de Wolfgang Dreschler (2010), en el que se explica: «Viele Lehrer gar nicht oder betrunken zur Arbeit kommen und oft Verhältnisse mit ihren Schülerinnen haben». Traducción propia: «Muchos profesores no acuden a sus clases y tienen, a menudo, relaciones con sus alumnas». Sin embargo, otras como Lindsay Ann Diehl (2012), Lucy Graham (2003) y

No solo las referencias a obras románticas y las lecturas e intereses artísticos del protagonista lo perfilan como un hombre egocéntrico, también sus objetos de estudio académico. Por una parte, su autor preferido es Byron —poeta romántico por excelencia y un hombre que fanfarroneaba con haber mantenido relaciones sexuales con más de doscientas mujeres— y se compara con él en varias ocasiones. Además, pretende crear el libreto de una ópera sobre la relación entre Byron y la condesa Teresa Guiccioli. A esto hay que añadir que su primera publicación es un análisis de la ópera *Mefistofele* (1868) de Arrigo Boito, que está basada en *Faust. Eine Tragödie* (1808) de Goethe. Es fácil relacionar a David con el protagonista de esta pieza dramática[33]. Ávido de conocimiento, David es, como Faust, un hombre erudito que se interesa sexualmente por una joven y que cae en desgracia. Uno de los temas principales de ambas obras es la búsqueda del placer terrenal en un momento en el que ambos protagonistas comienzan a darse cuenta de que están envejeciendo y perdiendo su atractivo[34]. Su segundo libro publicado,

---

Rosemary Jolly (2006) la analizan como una violación sexual. No examinaremos este tema, puesto que ya se ha llevado a cabo un análisis exhaustivo por las autoras mencionadas y coincidimos en que hay motivos suficientes para considerar este encuentro una violación. Nos gustaría mencionar, además, que Graham argumenta que la representación tradicional de la violación ha sido legitimada a través de estrategias estéticas que hacían de esta un hecho no violento y en ocasiones incluso romántico, en el que la mujer era culpable de su belleza y, por lo tanto, debía aceptar su destino. Panagiota Koulianou-Manolopoulou y Concepción Fernández Villanueva (2008) defienden que la violación se presentaba como un acto heroico ya en la mitología griega, incluso en algunas versiones tempranas de la Biblia, y más tarde en el Renacimiento, y que se ha justificado esta forma de violencia mediante la disminución del daño de este tipo de agresiones sexuales a través del arte. Prueba de que Coetzee es consciente de esto es la reflexión de David sobre el cuadro *La violación de las sabinas* (van der Vlies 2010, 28), que en algunas ocasiones se traduce como *El rapto de las sabinas*, minimizando precisamente la agresión sexual: «The Rape of the Sabine Women: Men on horseback in skimpy Roman armour, women in gauze veils flinging their arms in the air and wailing. What had all this attitudinizing to do with what he suspected rape to be: the man lying on top of the woman and pushing himself into her?» (1999, 160).

[33]   Existe un artículo que trata las similitudes entre David y Faust: «Saying it Right in *Disgrace*: David Lurie, Faust and the Romantic Conception of Language» (2009) de Patricia Casey Sutcliffe.

[34]   Para saciar sus deseos, ambos fuerzan relaciones con mujeres inexpertas y mucho más jóvenes. Es también significativo que en los dos casos el primer encuentro se produzca en un jardín y que se invada el espacio personal de la mujer. Faust consigue, con la ayuda de Mefistófeles, introducirse en los aposentos de Gretchen, donde la conquista con generosos regalos. David, a su vez, entra a la fuerza en el apartamento de su estudiante Melanie e invade también la esfera privada de Soraya. Por otro lado, las relaciones sexuales de David con Malanie son descritas como experiencias sublimes, ya que él insiste en idealizar sus forcejeos. De hecho, cuando habla del tema con su segunda exmujer, reitera su interpretación de la relación con su estudiante bajo un velo romántico y le dice: «You haven't asked me whether I love her. Aren't you supposed to ask that as well?» (1999, 45). Sin embargo, estos encuentros tendrán consecuencias devastadoras tanto para Gretchen —quien pierde la vida al final de la obra— como para Melanie, que abandona sus estudios. De esta forma, la deshonra, que debería dar título a la novela en español, es uno de los temas centrales de ambas obras.

The Vision of Richard of St Victor[35], demuestra la preocupación de David por cuestiones éticas —este es uno de los grandes temas de la novela— y el título del tercer libro, *Wordsworth and the Burden of the Past*, hace referencia, según Laurence Wright (2010), al pasado de Sudáfrica como una carga política y ética de la que David no puede liberarse desde su perspectiva romántica y de idealización de la realidad.

2.2. Aspiraciones platónicas

Obviamente, el protagonista no solo ha intimidado a una joven para que consienta una relación no deseada, sino que, como uno de sus tutores académicos, ha abusado de su papel de guía y protector[36]. Además, ha falsificado las actas con sus notas para que esta apruebe su asignatura, aunque ella no se ha presentado al examen, con lo que ha incurrido en una infracción administrativa. Melanie presenta una denuncia que no llegamos a conocer porque David insiste en no leerla.

Como consecuencia, el protagonista debe enfrentarse al escrutinio de un comité universitario encargado de examinar la acusación y sugerir medidas disciplinarias. Dicho comité le propone una terapia y espera que se retracte públicamente de su error. Son evidentes las opiniones contrarias entre los miembros del comité. Su colega masculino, Desmond Swarts, se muestra condescendiente. En un intento de restarle importancia a su comportamiento, le dice en privado que todos los hombres tienen sus momentos de debilidad. Sin embargo, Farodia Rassool[37] se muestra intransigente ante el abuso y trata de que se establezca un paralelismo entre su caso y la larga explotación de mujeres negras a manos de hombres blancos. La estudiante allí presente permanece en silencio. David, que representa una idea de masculinidad decadente que ya no es posible en la nueva Sudáfrica —donde los hombres, sobre todo los afrikáneres, han perdido poder y se sienten abrumados y amenazados por el avance de las mujeres y su exigencia de igualdad (Crous 2006, 26)—, reflexiona sobre la función *castradora* del comité.

Poco debe sorprendernos que David soporte las acusaciones estoicamente, se declare culpable y sea incapaz de pedir perdón, dado que no interactúa con su entorno, como hemos mencionado a propósito de nuestra interpretación romántica y narcisista; vive en un mundo de ideas platónico y no es capaz de encontrar una solución práctica

---

[35] Ricardo de San Víctor fue un teólogo del siglo XII y trató en su obra *Beniamin minor* (1162) la relación entre el cuerpo y la mente o entre el mundo sensorial y la razón.

[36] Recordemos, además, la diferencia de edad entre él y las mucho más jóvenes Sorayas y Melanie, y que en una ocasión en la que él alojó a su estudiante en su casa, lo hizo en la antigua habitación de Lucy. A esto hay que añadir que su uso del lenguaje es paternalista y llega a llamarse a sí mismo *daddy*: «He sits down on the bed, draws her to him. In his arms she begins to sob miserably. Despite all, he feels a tingling of desire. 'There, there' he whispers, trying to comfort her. 'Tell me what is wrong.' He almost says, 'Tell Daddy what is wrong'» (1999, 26).

[37] Van der Vlies argumenta que el nombre de Farodia Rassool indica que, seguramente, es de piel negra (2010, 25 y 44).

ante los cargos que se le imputan. Menciona, por ejemplo: «There are more important things in life than being prudent» (1999, 49). Tampoco desea defenderse ni leer de qué se le acusa considerando que: «I know of no reason why Ms Isaacs should lie» (1999, 49). Incluso cuando abandona el lugar, un grupo de personas se avalancha sobre él, una de ellas le pregunta si se arrepiente y él responde de la siguiente manera:

'Are you sorry?' says the girl. The recorder is thrust closer. 'Do you regret what you did?'
'No,' he says. 'I was enriched by the experience.'
The smile remains on the girl's face. 'So would you do it again?'
'I don't think I will have another chance.' (1999, 56)

Se evidencia, de esta manera, su incapacidad para ver y entender el mundo que lo rodea[38].

Si consideramos el momento y lugar en el que se publicó la obra, la Sudáfrica del año 1999, es fácil interpretar esta parte de la novela teniendo en cuenta el trasfondo político e histórico de la época. Una vez desmantelado el *apartheid*, el primer Gobierno de Sudáfrica elegido por voto universal creó un organismo para juzgar —con un espíritu de perdón, sanación social y reconciliación— los crímenes cometidos durante el régimen racista, siempre y cuando se pudieran vincular a una causa política. Parece evidente la crítica de Coetzee en el paralelismo entre la denominada Truth and Reconciliation Comission[39] (en adelante, TRC) y el comité disciplinario de la universidad, que preparado para eximir a David de toda culpa, tan solo le exige que exprese su arrepentimiento públicamente, independientemente de sus sentimientos[40]. Él, que consideraría éticamente

---

[38]   Dice Félix de Azúa que «David se comporta como Antígona: niega toda posibilidad de admitir su culpabilidad, acepta la acusación por ser cierta, pero no está dispuesto a humillarse» (2020, 22).

[39]   Comisión para la Verdad y la Reconciliación en español.

[40]   Dicho organismo tenía cierto carácter religioso, ya que estaba liderado por el arzobispo anglicano Desmond Tutu, figura pública que había luchado abiertamente contra el *apartheid*. La TRC ofreció la oportunidad a asesinos, violadores y torturadores de solicitar amnistía si confesaban sus crímenes y decían arrepentirse públicamente. A pesar de los elogios internacionales, por ser una forma innovadora de examinar las violaciones de los derechos humanos, sentar las bases para la reconciliación y también por crear una forma de memoria colectiva de los errores del pasado para prevenir los del futuro, también contó con muchos detractores. Entre ellos, nos gustaría mencionar a la antropóloga sudafricana Fiona Ross que señala que, si bien la Comisión logró registrar las voces particulares de la violencia, no realizó una investigación histórica ni fue capaz de ofrecer una forma de comprensión de los hechos sociales que llevaron a la violencia durante el *apartheid* y el colonialismo, como son: la explotación racial, el confinamiento, la desposesión de la tierra, la relegación a una forma de vida de segunda clase sin acceso a la educación ni a los servicios sanitarios y el destierro a una forma de empleo servil para la mayoría de los ciudadanos (2006, 58). Por otra parte, es cierto que la TRC permitió el esclarecimiento de muchos crímenes, también que algunas víctimas recibieran una indemnización y, hasta cierto punto, facilitó la transición política pacífica a la democracia. Sin embargo, muchos detractores argumentan que este organismo proporcionó impunidad a criminales confesos con la única condición de que expresaran su arrepentimiento públicamente, aunque de las más de 7000 peticiones de amnistía, solo fueron concedidas 1146 (Boehmer 2008, 80).

reprochable mentir, pierde su puesto y es expulsado de la universidad porque se niega a pedir perdón. Curiosamente, esas aspiraciones éticas tan loables no atañen a su capacidad para involucrarse con otros seres humanos.

2.3. La representación de la otredad: Lucy y Petrus

Desplazado de su posición ventajosa, David acude a pasar una temporada con su hija Lucy. Si bien había invadido el espacio personal de Soraya y Melanie, se convierte asimismo en un intruso en casa de Lucy[41]. Esta vive sola y aislada, cerca de Salem y Grahamstown, en la Provincia Oriental del Cabo[42], algo de lo que parece disfrutar. Su padre sospecha que es homosexual:

> And what does he know about these two in particular, Lucy and Helen? Perhaps they sleep together merely as children do, cuddling, touching, giggling, reliving girlhood – sisters more than lovers. Sharing a bed, sharing a bathtub, baking gingerbread cookies, trying on each other's clothes. Sapphic love: an excuse for putting on weight.
> The truth is, he does not like to think of his daughter in the throes of passion with another woman, and a plain one at that. Yet would he be any happier if the lover were a man? (1999, 86)

David, que había exigido la pasión de Melanie apelando a que la belleza de una mujer no le pertenece a ella sola, se asombra de que su hija no comparta sus encantos con ningún hombre. Él, que valora a las mujeres en cuanto a su belleza y detesta a aquellas que no se esfuerzan en ser atractivas: «He does not like women who do not make the effort to be attractive» (1999, 72), describe a su hija como poco femenina, una mujer que se atavía con ropa holgada, ha ganado peso y no parece preocuparse por su aspecto. Además, Lucy encarna el ideal de una campesina cuyo mayor aliciente es disfrutar de la naturaleza y vivir de manera sencilla. Para sustentarse económicamente, dirige una residencia canina y es dueña de una casa situada en un pequeño terreno, un minifundio[43] donde cultiva flores y verduras que vende en un mercado local una vez a la semana. La primera imagen que nos ofrece David de ella es poco sofisticada y descalza, es decir,

---

[41]   Es fácil interpretar que David ha usurpado un lugar que no le correspondía; recordemos su explicación de la expresión *usurp upon* que explica en clase a colación de un poema romántico de William Wordsworth: «'[U]surp upon means to intrude or encroach upon. Usurp, to take over entirely, is the perfective of usurp upon; usurping completes the act of usurping upon'» (1999, 21).

[42]   La población de la Provincia Oriental del Cabo está formada mayoritariamente, según una estadística del Gobierno sudafricano del año 2007, por personas negras de origen xhosa que componen el 88 % de los habitantes, siendo los mestizos (*coloureds* en inglés africano) la segunda raza prevalente con un 8 %. Los blancos apenas alcanzan un 4 %.

[43]   La palabra que se usa en inglés es *smallholding*. Aunque Martínez-Lage la traduzca como *granja*, lo cierto es que Lucy solo cuenta con un pequeño terreno y no se dedica a la cría de animales, por lo que consideramos que es errónea.

en conexión directa con la tierra. Sin embargo, él, que había exaltado la belleza de la naturaleza de forma romántica, descubre que la idealización del campo existe tan solo en las diferentes representaciones artísticas: la casa de su hija no ofrece las comodidades de las que dispone en Ciudad del Cabo y el constante ladrido de los perros durante la noche le impide conciliar el sueño.

Lucy representa un acercamiento respetuoso a la tierra, el de las personas que la trabajan para abastecerse de ella, sin explotarla, cooperando con los vecinos para la repartición de los recursos. Además, ha trabado amistad con Ben Shaw, una mujer que colabora en una clínica para animales enfermos y/o abandonados. Sin embargo, David, el erudito académico, menosprecia este tipo de vida que considera trivial y Lucy es consciente de sus reproches:

> 'You think I ought to involve myself in more important things,' says Lucy. They are on the open road; she drives without glancing at him. 'You think, because I am your daughter, I ought to be doing something better with my life.'
> He is already shaking his head. 'No…no…no,' he murmurs.
> 'You think I ought to be painting still lives or teaching myself Russian.' (1999, 74)

En el aislamiento de la propiedad de Lucy aparece otro personaje significativo, Petrus, un vecino de Lucy que ha pasado —en la nueva Sudáfrica— de ser un sirviente a un trabajador autónomo con derechos que conoce bien. El polígamo Petrus representa todo aquello que David desprecia, quien se sorprende al comprobar que realiza sus tareas de forma eficiente: «In a matter of hours, he has ploughed the whole of his land. All very swift and businesslike; all very unlike Africa» (1999, 151). Petrus, que ocupaba una posición marginal, se ha convertido en propietario, seguramente gracias a la ya mencionada Restitution of Land Rights de 1994. Además, representa la comunidad rural, tradicional y patriarcal que parece estar ganando importancia. Refiriéndose al embarazo de una de sus esposas, comenta:

> 'The baby is coming in October. We hope he will be a boy.'
> 'Oh. What have you got against girls?'
> 'We are praying for a boy,' says Petrus. 'Always it is best if the first one is a boy. Then he can show his sisters - show them how to behave. Yes.' He pauses. 'A girl is very expensive.' He rubs thumb and forefinger together. 'Always money, money, money.' (1999, 130)

Lucy le pide a David que ayude a Petrus en las tareas manuales y su padre le pregunta, sarcásticamente, si se le pagará un salario. David constata que esta petición lo desplaza de la situación privilegiada en la que ha vivido como hombre blanco durante décadas; él, que unas semanas antes analizaba el lenguaje poético de Wordsworth en un mundo académico, sopesa la posibilidad de recibir un salario de un hombre negro al que ayudaría a realizar labores manuales. Y, así, pondera las palabras de Lucy: «Give Petrus a hand. I like the historical piquancy» (1999, 77).

En ese reencuentro de padre e hija —en el que son evidentes las diferencias en sus estilos de vida, idealista, abstracta y egocéntrica la de él, práctica, reconciliadora y generosa la de ella—, les asaltan tres hombres desconocidos, que invaden su espacio personal, roban sus enseres de valor, golpean, encierran y prenden fuego a David, y violan a Lucy. Este acto de crueldad atroz supone un evidente giro argumental en la novela. La relación entre ambos se hace incluso más tensa y se acentúan sus diferentes personalidades y formas de entender el mundo. David, que había sido, según Kevin O'Neill (2009), despojado de su lugar central en la ciudad, se convierte, junto con su hija, en una víctima y es forzado a abandonar el mundo platónico de las ideas al que se había aferrado hasta este momento. Ataviado con los vendajes de las curas de sus quemaduras, se transforma en una figura grotesca y patética, que los niños miran boquiabiertos en la calle. No es casualidad que los asaltantes se apoderen del arma que Lucy tenía en casa para protegerse —interpretada por Marius Crous como un símbolo fálico sustituto para Lucy (2006, 27)— ni que se sirvan de ella para perpetrar el crimen. Además, David cree que la orientación homosexual de Lucy puede haber sido la razón para violarla, es decir, que la agresión se ha producido con motivo de *corregir* la orientación sexual de la víctima, una práctica que parece estar extendida en Sudáfrica[44].

David, quien había citado en una conversación con su hija el verso de William Blake: «Sooner murder an infant in its cradle than nurse unacted desires» (1999, 69), aludiendo a su derecho al placer, es testigo de las devastadoras consecuencias que sufren las víctimas de aquellos que no pueden controlar sus impulsos. De hecho, puede imaginar convertirse en los violadores, pero se pregunta si puede llegar a ponerse en la situación de su hija, comprender su sufrimiento: «He can, if he concentrates, if he loses himself, be there, be the men, inhabit them, fill them with the ghost of himself. The question is, does he have it in him to the be the woman?» (1999, 160).

Seguramente esta agresión a la mujer blanca y su negativa a relatarla son los temas del argumento más discutidos sobre la novela. La violación debe ser entendida teniendo en cuenta el momento y el lugar donde ocurre, la Sudáfrica *postapartheid* en la que se estaba reorganizando la posesión de la tierra. Existe un paralelismo entre la posesión (o invasión) de la tierra y la violación de Lucy, pero se exalta también el cambio de jerarquía en los grupos dominantes y dominados.

Obviamente, *Disgrace* visibiliza el *black peril*, es decir, el miedo de los blancos a las agresiones de las personas negras, que en muchos casos son estereotipadas como

---

[44]   Las llamadas «violaciones correctivas» son un hecho bastante común en Sudáfrica; de ello dan fe varios artículos, como, por ejemplo: «Violaciones correctivas de lesbianas: Vamos a enseñarte una lección» (2011) de Javier Brandoli o «The South African Women Living in Fear of Rape» (2011) de Mark Gevisser. La legislación sudafricana no condena la discriminación como agravante en este tipo de delitos sexuales. Las víctimas apenas reciben ayuda, menos si son homosexuales, ya que la orientación sexual las condena en muchos casos al ostracismo. Sin embargo, cabe señalar que Sudáfrica fue el primer país africano y el quinto en el mundo en legalizar el matrimonio entre personas del mismo sexo en 2006.

violentas e incultas. Sin embargo, uno de sus logros es evidenciar justamente lo contrario —el *white peril*—, es decir, la explotación sexual de las mujeres negras a manos de los hombres blancos, que ha sido ocultado a lo largo de décadas y que para el lector de *Disgrace* no es tan evidente porque la explotación de las mujeres negras desde posiciones de poder se ha legitimado, aceptado e interiorizado. David tuvo relaciones con mujeres mestizas o negras de las que abusó de diferente manera. Aprovechó el mercado de prostitución que la sociedad pone a su disposición —al menos paga a tres mujeres para que tengan relaciones sexuales con él[45]—, y se sirvió de su situación privilegiada como profesor universitario para abusar de Melanie. Ninguno de estos casos de explotación sexual ha sido juzgado ni condenado por un tribunal.

No obstante, Lucy, que había dicho anteriormente sobre Melanie: «Women can be surprisingly forgiving» (1999, 69), intenta procesar lo ocurrido y apenas habla. Cuando uno de sus agresores aparece en una fiesta que organiza Petrus, le prohíbe a su padre que llame a la policía porque, dice, no quiere arruinar la celebración de su vecino. Este hecho sorprendente se suma a su negativa a contar lo que ha ocurrido porque para ella es un hecho personal, aunque se narre en un contexto histórico que se cobre las vidas de las personas que se manifiestan pacíficamente y que hable a través de su cuerpo. Se niega también a interponer una denuncia, quizás porque, si acudiera a la policía a hacerlo, el informe sería redactado con las palabras de un policía —no las suyas propias— y quedaría relegado a ocupar un lugar en un archivador entre muchas otras denuncias similares. Lucy, al igual que otros personajes femeninos de las obras de Coetzee, desea ser la narradora de su vida. Tanto es así que, en una de las discusiones de su padre, en un guiño metaficcional, le acusa de relegarla a ser un personaje secundario:

> 'You behave as if everything I do is part of the story of your life. You are the main character, I am a minor character who doesn't make an appearance until halfway through. Well, contrary to what you think, people are not divided into major and minor. I am not minor. I have a life of my own, just as important to me as yours is to you, and in my life I am the one who makes the decisions.' (1999, 198)

Por otro lado, David, un hombre cuya máxima obsesión es conseguir que su hija abandone su propiedad, está en completa contradicción con la forma de abordar la situación por parte de Lucy, que se siente profundamente arraigada al campo, a la naturaleza que la rodea y que decide quedarse en el lugar en el que vive:

> 'What are our plans for today?'
> 'Our plans? To go back to the farm and clean up.'
> 'And then?'
> 'Then to go on as before.'
> 'On the farm?'

---

[45]   Además de las dos prostitutas mencionadas, mantiene relaciones con una tercera en el capítulo 11.

'Of course. On the farm.'
'Be sensible, Lucy. Things have changed. We can't just pick up where we left off.'
'Why not?'
'Because it's not a good idea. Because it's not safe.'
'It was never safe, and it's not *an idea*, good or bad. I'm not going back for the sake of *an idea*. I'm just going back.' (1999, 105, cursiva nuestra)

Este pensamiento de protección vital por parte de David y de arraigo a la tierra de Lucy entran en contradicción constante, lo cual obliga al protagonista a regresar a Ciudad del Cabo. Para O'Neill esta es la segunda expulsión de David, en esta ocasión del campo a la ciudad, porque ha fracasado como padre y guía (2009, 209).

Una posible lectura que han realizado varios críticos es que Lucy se siente, como descendiente de los colonizadores, una intrusa en la tierra y que tiene que pagar tributo por ello. Consideramos que esta interpretación no es correcta, ya que incurriríamos en un análisis victimista de la mujer. Schoorlemmer desea llamar la atención sobre el hecho de que Lucy haya despertado menos interés como personaje que el propio David, a pesar de su evidente ambigüedad y sofisticación, y se pregunta por qué una mujer evidentemente inteligente, autónoma y con autoestima no escucha los ruegos de su padre de que se ponga a salvo (2008, 2). La propia Lucy responde a su padre de la siguiente manera:

'If I leave now, David, I won't come back. Thank you for the offer, but it won't work. There is nothing you can suggest I have not been through a hundred times myself.'
'Then, what do you propose?'
'I don't know. But whatever I decide I want to decide by myself, without being pushed[46]. There are things you don't understand.' (1999, 157)

David quiere imponer su forma de resolver el problema, y su hija insiste en que desea tomar sus propias decisiones. Su padre teoriza sobre las carencias de Sudáfrica, que se traducen en un reparto forzoso de los bienes, en la puesta en circulación de aquello a lo que no todos tienen acceso:

A risk to own anything: a car, a pair of shoes, a packet of cigarettes. Not enough to go around, not enough cars, shoes, cigarettes. Too many people, too few things. What there is must go into circulation, so that everyone can have a chance to be happy for a day. That is the theory; hold to the theory and to the comforts of theory. Not human evil, just a vast circulatory system, to whose workings pity and terror are irrelevant. That is how one must see life in this country: in its schematic aspect. Otherwise one could go mad. Cars, shoes; women too. There must be some niche in the system for women and what happens to them. (1999, 98)

---

[46]   La palabra *push* ya había aparecido anteriormente en el comentario que David hizo sobre Byron y se refería a empujar en el sentido de forzar una relación sexual.

A pesar de que David insiste en ofrecernos una imagen de su hija vulnerable y desamparada, también Michael Gorra (1999) destaca la fortaleza de Lucy y su integridad, características de las que precisamente su padre carece. Ella misma reitera su decisión de permanecer en sus tierras porque no quiere rendirse: «If I leave the farm now, I will leave defeated, and will taste that defeat for the rest of my life» (1999, 161)[47].

Por otra parte, Gayatri Spivak argumenta que David es forzado a posicionarse en el lugar que Petrus había ocupado anteriormente, revirtiendo así la dialéctica hegeliana de amo-esclavo (2002, 24). De hecho, David se percata de que Petrus solo lo necesita para que le pase las herramientas que precisa para llevar a cabo las tareas en sus tierras: «His own role at the dam soon becomes clear. Petrus needs him not for pipefitting or plumbing but to hold things, to pass him tools – to be his handlanger, in fact» (1999, 136). Spivak alaba también el hecho de que *Disgrace* no dé voz a Petrus ni a Lucy, lo cual ella interpreta, desde un punto de vista político, como una estrategia que nos hace conscientes de los límites del subalterno para encontrar la forma de ser escuchado. Si bien Melanie es una metonimia de la explotación de las mujeres exóticas que ha sido ignorada desde estructuras culturales occidentales, Lucy parece representar la tierra. Coetzee, gran malabarista del argumento y la palabra, juega con los estereotipos occidentales para mostrarnos cómo la ideología colonial sigue presente a finales del siglo XX. David comienza a cambiar su perspectiva porque trata de ponerse en la situación de su hija, aunque lo cierto es que no lo consigue. En un intento de pedir perdón a la familia de Melanie, se narra un incómodo encuentro en el que David se presenta en casa de los Isaacs. A pesar de su supuesta buena voluntad, las explicaciones que da al padre no son satisfactorias. Mucho menos la punzada de deseo que siente por la hermana pequeña, Desiree, allí presente: «The two of them in the same bed: an experience fit for a king» (1999, 164).

La novela finaliza con su retorno a la propiedad de su hija, donde descubre que está embarazada de uno de los agresores y que ha decidido seguir adelante con la gestación porque está convencida que la naturaleza hará de ella una buena madre. Este niño podría ser la metáfora de un nuevo comienzo. Se trata de un hijo de dos razas, uno de los posibles símbolos de la nueva Sudáfrica, la nación arcoíris con la que soñaba Mandela[48], pero es también un descendiente directo de la violencia. Recordando el cuadro *La violación de las sabinas*[49], Lucy acepta la propuesta de matrimonio de conveniencia que le realiza

---

[47]   Spivak también rescata el personaje de Lucy y alude a los elementos intertextuales entre *Disgrace* y *King Lear* (1606) de Shakespeare (2002, 20-23). Se trata en ambos casos de una relación paternofilial (David-Lucy, Lear-Cordelia), en la que la hija sufre el impacto de una injusticia —violación y asesinato— de la que en ambos casos el padre será testigo directo, aunque en el caso de David no con sus propios ojos.

[48]   A la que se refirió en su discurso de toma de posesión de su cargo de presidente de la República de Sudáfrica.

[49]   Este lienzo ilustra la leyenda sobre cómo se produjo la unión de dos pueblos: el de los romanos y el de las sabinas. Cuenta que, durante una fiesta, los romanos capturaron y violaron a las jóvenes sabinas y

Petrus a cambio de sus tierras, ya que, en el terreno personal, seguirán siendo vecinos y les garantizará protección a ella y a su hijo. Coetzee establece así una metáfora de la devolución de la tierra a aquellos a los que les fue arrebatada gracias a la generosidad de Lucy, que no se considera propietaria.

Por otra parte, David retrata a su hija, quien parece personificar la buena salud y la felicidad en estado puro, como «das ewig Weibliche» (1999, 218)[50], de nuevo siguiendo una obra romántica, y modelo perfecto para, como él menciona, los cuadros de Pierre Bonnard o John Singer Sargent[51], rodeada de un paisaje idílico. El padre reflexiona sobre cómo su visita puede significar un nuevo comienzo para ambos.

2.4. **La importancia de los animales**

En la novela se entrelazan temas sociopolíticos con otros de índole ética, que se refieren no solo a las relaciones entre los seres humanos, sino también a aquellas que mantenemos con los animales. Dada la coincidencia de la fecha de publicación de *Disgrace* y *The Lives of Animals* (1999), parece probable que Coetzee alternara la escritura de ambas obras. Cabe señalar que la segunda es un ensayo filosófico dedicado a los derechos de los animales que surgió de su impartición de varias conferencias en las que trató este tema en la Universidad de Princeton entre 1997 y 1998, y que incluyó más tarde en su novela *Elizabeth Costello*.

Por una parte, no solo las constantes alusiones románticas ya mencionadas, sino también las referencias a los animales pueden ser interpretadas como una metáfora de cómo se siente David y de su transformación ética. Al comienzo de la novela, el protagonista reflexiona sobre su temperamento sexual poco efusivo y se compara con una serpiente: «In the field of sex his temperament, though intense, has never been passionate. Were he to choose a totem, it would be the snake» (1999, 2). Tras la fallida llamada telefónica a Soraya, observa: «what should a *predator* expect when he intrudes into the vixen's nest, into the home of her cubs?» (1999, 10, cursiva nuestra). Más adelante, en su relación con Melanie, se compara de nuevo con animales depredadores. En uno de sus forcejeos sexuales se imagina que es un zorro atrapando a un conejo en sus fauces: «As though she had decided to go slack, die within herself for the duration, like a rabbit when the jaws of the fox close on its neck» (1999, 25). Posteriormente, en su visita a la familia Isaacs, recuerda un encuentro con su estudiante y la compara con Caperucita deambulando por el bosque donde la espera el lobo: «He remembers Melanie […], her trim little body;

---

después contrajeron matrimonio con ellas, de los cuales nacerían muchos hijos. Las mujeres sabinas, ligadas ya a sus maridos romanos por la costumbre y el afecto, evitaron una guerra liderada por sus padres y decidieron permanecer junto a sus violadores.

[50]   «Das ewig Weibliche zieht uns hinan» puede traducirse como «Aquello que es femenino, de forma eterna, nos atrae», y es un verso de *Faust* que cuenta cómo Gretchen asciende al cielo.

[51]   Bonnard (1867-1947) y Sargent (1856-1925) fueron pintores de paisajes alegres y coloristas.

her sexy clothes; her eyes gleaming with excitement. Stepping out in the forest where the wild wolf prowls» (1999, 168).

En este sentido, los perros son un animal muy relevante, tanto que ganan protagonismo en algunas de las portadas del libro[52]. Lucy hace referencia a ellos como arma defensiva: «'There are the dogs. Dogs still mean something. The more dogs, the more deterrence'» (1999, 60). En cuanto a David, le llama la atención una perra que su hija tiene a su cuidado:

> The younger dogs are delighted to see him: they trot back and forth in their cages, whining eagerly. But the old bulldog bitch barely stirs.
> He enters her cage, closes the door behind him. She raises her head, regards him, lets her head fall again; her old dugs hang slack.
> He squats down, tickles her behind the ears. 'Abandoned, are we?' he murmurs. (1999, 78)

Se trata de Katy, la perra abandonada y de aspecto deprimido por la que comienza a sentir cierto apego. Cuando le habla en primera persona de plural, lo cual es natural en inglés, también puede interpretarse en sentido estricto, es decir, que ambos han sido abandonados a su suerte y que, por lo tanto, se esté comparando con ella. Es a su lado, en el suelo de la jaula canina, donde David se queda dormido. Katy es la única perra que sobrevive el ataque de los tres hombres que matan al resto de los perros. No es casualidad que se ensañen con los ellos; durante el *apartheid* ciertas razas se entrenaban para atacar a las personas negras y defender las propiedades de las blancas.

Más tarde, trata de explicarle a su hija la naturaleza de sus deseos y se compara con el perro de sus antiguos vecinos, un *golden retriever* que seguía a todas las hembras del vecindario y no podía reprimir sus instintos más básicos, a pesar de los numerosos castigos a los que sus amos lo sometían:

> One can punish a dog, it seems to me, for an offence like chewing a slipper. A dog will accept the justice of that: a beating for a chewing. But desire is another story. No animal will accept the justice of being punished for following its instincts. (1999, 90)

Podemos servirnos también de su reflexión sobre los animales para analizar las visiones tan contradictorias sobre el mundo que profesan David y Lucy. El padre justifica su posición ventajosa respecto a los animales y afirma: «Yes, I agree, this is the only life there is. As for animals, by all means let us be kind to them. But let us not lose perspective. We are of a different order of creation from the animals» (1999, 74). Su posición utilitarista queda aún más clara cuando comienza a ayudar a Bev Shaw, amiga de Lucy, quien le agradece su ayuda con los animales a los que cuida en la clínica: «'Thank you, Mr Lurie. You have a good presence. I sense that you like animals'», a lo que él

---

[52]   Un perro desmejorado de una raza indeterminada aparece de espaldas en las portadas de la versión de Vintage de 1999, que se cita en este trabajo, y en la de la española de Debolsillo de 2010.

responde, irónicamente: «'Do I like animals? I eat them, so I suppose I must like them, some parts of them'» (1999, 81). Sin embargo, su hija opina que si nos servimos de los animales para nuestro propio beneficio es porque no queremos establecer con ellos relaciones de igualdad, algo que ellos mismos conocen, tal y como David menciona: «'They are very egalitarian, aren't they,' he remarks. 'No classes. No one too high and mighty to smell another's backside'» (1999, 85). Por otra parte, Lucy reflexiona sobre la situación de los animals en Sudáfrica y menciona: «'They are part of the furniture, part of the alarm system. They do us the honour of treating us like gods, and we respond by treating them like things'» (1999, 78) y «'On the list of the nation's priorities, animals come nowhere'» (1999, 73).

Huelga mencionar que la novela establece una comparación entre el abuso de las mujeres y el de los animales. De hecho, hay múltiples metáforas que se refieren a este tema. Por ejemplo, el lugar donde Melanie se estrena como actriz, el Dock Theatre, había sido usado para almacenar carne: «a cold storage plant where the carcases of pigs and oxen hung waiting to be transported across the seas» (1999, 190-191). Además, la propia Lucy es comparada con un animal en cuanto a la violación. En dos ocasiones así lo menciona ella: «'I think I am in their territory. They have marked me'» (1999, 158) y «'They spur each other on. That is probably why they do it together. Like dogs in a pack'» (1999, 159). También David reflexiona: «They were not raping, they were mating» (1999, 199).

Existen más ejemplos que comparan el comportamiento de los humanos y el de los animales. Mientras que los tres asaltantes son intrusos en el hogar de Lucy e irrumpen en él, con la excusa de que necesitan usar el teléfono para una emergencia, a fin de perpetrar un crimen, otra imagen de visita, aunque muy positiva, es la efímera presencia de los tres gansos. Lucy menciona: «'They come back every year. I feel so lucky to be visited. To be the one chosen'» (1999, 88). Mientras que la novela enfatiza que algunos de los personajes masculinos invaden el espacio personal de las mujeres con violencia, los animales lo hacen para compartir la naturaleza y contribuyen a la felicidad de Lucy.

Tras la agresión, cuando David consigue salir del baño donde ha sido encerrado, encuentra a su hija dentro de una de las jaulas caninas, desconcertada por la matanza de los perros y exclama: «'My dearest child!' he says. He follows her into the cage and tries to take her in his arms. Gently, decisively, she wriggles loose» (1999, 97). Lucy fue tratada como un animal —al menos como David trata a los animales y, por extensión, a las mujeres— y finaliza la novela también como un animal, en concreto, se compara a sí misma con un perro[53], lo que significa sin posesiones ni derechos.

> 'Perhaps that is what I must learn to accept. To start at ground level. With nothing. Not with nothing but. With nothing. No cards, no weapons, no property, no rights, no dignity.'

---

[53]   Spivak (2002, 7) encuentra un paralelismo entre este fragmento y el final de *Der Prozess* (1925) de Kafka en el que su protagonista, K, muere también evocando la miseria y comparándose con el mismo animal.

'Like a dog.'
'Yes, like a dog.' (1999, 205)

Para Simone Drichel esta parte de la novela es significativa porque sugiere que la reconstrucción del país debe comenzarse desde un punto en el que las personas se encuentren sin nada, es decir, desprovistas de lo que ella llama «cultural ornaments» (2011, 160).

En otro orden de cosas, la preparación e ingesta de la carne animal puede ser interpretada como una metáfora de la violación (como penetración violenta de otro cuerpo humano). Esta es evidente cuando David menciona que uno de los hombres que violó a Lucy es «like a blade cutting the wind» (1999, 171). Además, como consecuencia del ataque, Lucy deja de ingerir carne: «She has lost interest in food: he is the one who has to temper her to eat, cooking unfamiliar dishes because she refuses to touch meat» (1999, 121). Otro pasaje que remite a esta misma idea es el momento en el que David se siente identificado con las dos ovejas que va a sacrificar Petrus para su fiesta. Están amarradas a un poste en un terreno donde no pueden comer ni beber. David se dirige a Petrus para que las cambie de sitio y cuando no lo hace, él mismo las traslada a un lugar donde crece la hierba en abundancia. Incluso sopesa si debería comprárselas para evitarles la muerte, pero finalmente desiste porque sabe que otras ocuparían su lugar. Días más tarde, durante el convite, David acepta probar su carne y piensa que debe pedir perdón por esta ingesta. Siente remordimientos.

En su regreso a Grahamstown al final de la novela, el protagonista alquila allí una habitación y dedica su tiempo a participar como voluntario en una clínica que atiende a cientos de animales, a pesar de sus muy pocos recursos y la carencia de una asistencia veterinaria diaria. De esta manera, «the clinic, more than the boarding-house, becomes his home» (1999, 211). Mientras que Bev atiende las necesidades más básicas de los animales, a pesar de no tener los conocimientos necesarios, el supuestamente incorregible David les da de comer, limpia sus perreras y habla con ellos. Comienza también a implicarse en la eutanasia de los perros y se toma muchas molestias para que tengan un fin digno; por ejemplo, lleva personalmente sus restos al horno crematorio de un hospital cercano, pero se percata de que no funciona durante los domingos y de que los restos de los perros quedan allí olvidados antes de ser incinerados. Para evitar que se mezclen con residuos de operaciones quirúrgicas —algo que le parece indecoroso e indigno—, los transporta a su casa y los aloja en una camioneta durante ese tiempo. Por primera vez en el relato, reflexiona:

> He thought he would get used to it. But this is not what happens. The more killings he assists in, the more jittery he gets. One Sunday evening, driving home in Lucy's kombi, he actually has to stop at the roadside to recover himself. Tears flow down his face that he cannot stop; his hands shake. He does not understand what is happening to him. Until now he has been more or less indifferent to animals. (1999, 142-143)

David comienza a transformarse en contacto con los animales y no en su relación con los seres humanos. A lo largo de la novela, ha exaltado su derecho a abusar de las mujeres, no ha pedido perdón ante el comité disciplinario de la universidad, no simpatiza con Petrus —que representa el avance legislativo de la población no blanca— y puede fantasear con el deseo de los violadores, pero no ponerse en el lugar de Lucy. Sin embargo, David, el erudito y cínico profesor de literatura, comienza en la clínica, en estrecha relación con el sufrimiento, a aceptar su propia mortalidad, contra la que ha estado luchando afanosamente. El protagonista, que menosprecia la vida del campo, aprende en la clínica la lección más importante: que puede sufrir por los demás y comprende «what he no longer has difficulty in calling by its proper name: love» (1999, 219). Además, se acerca a la visión de su hija sobre los animales y al final de la novela reflexiona sobre la muerte de los perros en la clínica y, en esa sala donde se les practica la eutanasia, parece defender que los animales tienen alma:

> What the dog will not be able to work out (*not in a month of Sundays*! he thinks), what his nose will not tell him, is how one can enter what seems to be an ordinary room and never come out again. Something happens in this room, something unmentionable: here the soul is yanked out of the body; briefly it hangs about in the air, twisting and contorting; then it is sucked away and is gone. It will be beyond him, this room that is not a room but a hole where one leaks out of existence. (1999, 219)

Mientras que Petrus se había presentado como el «dog-man» (1999, 4), a lo largo de la novela recupera sus terrenos —seguramente gracias al cambio de legislación que hemos mencionado— y declara: «No more dogs. I am not any more the dog-man» (1999, 129), David se convierte en el cuidador de perros: «now he has become a dogman: a dog undertaker; a dog psychopomp; a *harijan*» (1999, 146), al ayudar a poner fin a la vida y sufrimiento de estos animales y, finalmente, acepta que ha perdido su posición de poder en la nueva Sudáfrica.

3. ASPECTOS LINGÜÍSTICOS

3.1. Los límites del lenguaje

En un apartado anterior hemos tratado de demostrar que Coetzee se sirve de la intertextualidad para perfilar a David como protagonista y lo hace aludiendo a cánones literarios que exaltan el individualismo y la superioridad del hombre. El protagonista es un ejemplo de conocimiento académico, sobre todo en lo que se refiere a la lengua y la literatura. Además, se expresa con la exactitud de un hombre culto, que ha leído y sabe manejar la lengua con destreza y precisión. Las referencias que utiliza demuestran su erudición y se hacen eco de otras épocas y lenguas: cita a Émile Zola cuando dice

«J'accuse» (1999, 40)[54], a Dante con los versos: «Vedi l'anime di color cui vinse lira» (1999, 209)[55] y se sirve de las palabras de Virgilio, por ejemplo, para exaltar el carácter perecedero de la vida: «Sunt lacrimae rerum, et mentem mortalia tangunt» (1999, 162)[56]. En sus clases enseña la distinción semántica entre los términos «*drink* and *drink up*, *burnt* and *burned*» (1999, 71)[57] y es un experto en etimología como demuestra con la explicación: «Modern English *friend* from Old English *freond*, from *freon*, to love» (1999, 102).

Cuando espía a Melanie en los ensayos de la obra teatral en la que participa, desde la oscuridad de los asientos del público, la palabra *letching*[58] aparece en su mente súbitamente, sin que él esté buscándola: «He ought to be gone. An unseemly business, sitting in the dark spying on a girl (unbidden the word letching comes to him)» (1999, 24), lo cual evidencia que incluso en los momentos de descanso, su mente sigue sopesando palabras y sus significados. Algo parecido ocurre tras el crimen, cuando recuerda una canción infantil, que fácilmente se puede relacionar con lo que ha ocurrido:

> Words are beginning to take shape that have been hovering since last night at the edges of memory. *Two old ladies locked in the lavatory / They were there from Monday to Saturday / Nobody knew they were there.* Locked in the lavatory while his daughter was used. A chant from his childhood come back to point a jeering finger. *Oh dear, what can the matter be?* Lucy's secret; his disgrace. (1999, 109)

En algunas ocasiones, deseando expresarse con exactitud, sopesa sinónimos para tratar de encontrar la palabra que mejor se ajuste a lo que quiere expresar sin que parezca encontrar la apropiada y, de esta manera, señala los límites del lenguaje. Lucy es para David: «Chickenfeed: an amateur, an enthusiast of the farming life rather than a farmer» (1999, 117). Sobre Petrus expresa: «A peasant, a *paysan*, a man of the country» (1999, 117) y refiriéndose Ettinger, un vecino de su hija de origen alemán, utiliza una palabra de origen germánico: «Ettinger is another peasant, a man of the earth, *eingewurzelt*[59]» (1999, 117).

---

[54]   Artículo en forma de carta en la que Zola acusa al Gobierno francés de antisemitismo por no querer liberar a Alfred Dreyfus, un judío condenado a cadena perpetua por espionaje, a pesar de tener pruebas de su inocencia. Se publicó el 13 de enero de 1898 en el periódico *L'Aurore*.

[55]   En este caso, él mismo proporciona la traducción al inglés del verso tomado de *La Divina Comedia* (1321): «Souls overcome with anger, gnawing at each other» (1999, 209).

[56]   Verso 462 de la *Eneida* que Aurelio Espinosa Pólit traduce de la siguiente manera en una de las versiones al castellano: «lágrimas hay por nuestras cosas, y algunos que ante la muerte y el dolor se inmutan» (2011).

[57]   Señala que la diferencia es el aspecto perfectivo: «The perfective, signifying an action carried through to its conclusión» (1999, 71).

[58]   *Letching* se relaciona con un comportamiento indecoroso y lascivo.

[59]   La palabra alemana *eingewurzelt* significa arraigado (o incluso enraizado) a la tierra. Existen otras muy parecidas. Por ejemplo, *verwurzeln*, que se refiere a echar raíces, pero no de forma metafórica.

En otras, repite un vocablo en aras de intensificar su argumento, como en, por ejemplo:

> That is his *temperament*. His *temperament* is not going to change, he is too old for that. His *temperament* is fixed, set. The skull, followed by the *temperament*: the two hardest parts of his body. Follow your *temperament*. It is not a philosophy, he would not dignify it with that name. It is a rule, like the Rule of St Benedict [...]. He lives within his income, within his *temperament*, within his emotional means. (1999, 2, cursiva nuestra).

También se sirve de oraciones sintácticamente similares —en este caso oraciones subordinadas relativas— pero semánticamente inversas, que parecen no tener sentido y que, sin embargo, lo tienen: «The one who comes to teach learns the keenest of the songs, while those who come to learn learn nothing» (1999, 3).

David se aprovecha de esta ventaja lingüística para justificar su supuesta superioridad y tratar de persuadir a otros personajes femeninos a que compartan ideas con él. Sin embargo, son múltiples las ocasiones en las que las mujeres no responden a sus preguntas. Por ejemplo, tras su primer encuentro con Melanie desea saber cuándo volverán a verse, pero ella no contesta: «When do I see you again? She does not answer» (1999, 21). Más adelante, Melanie se presenta en su casa, abatida, y le pregunta si puede dormir allí, él insiste en saber qué le ocurre, pero ella no comparte con él sus sentimientos: «She gathers herself and tries to speak but the nose is clogged» (1999, 27). La escena se repite un poco más tarde: «Will you tell me what this is about? She avoids the eye. 'Not now', she says» (1999, 28). En otra ocasión, la alienta a que se presente el examen de su asignatura y ella no responde: «she does not dignify the word with a reply» (1999, 35).

Refiriéndose a Lucy también encontramos ejemplos similares: «'I am sure you have your reasons, but in a wider context are you sure this is the best course?' She does not reply» (1999, 110). Después de reiterar su deseo de no hablar con él y, a pesar de su obstinación, le explica: «'I can't talk any more, David, I just can't', she says, speaking softly, rapidly, as though afraid the words will dry up. 'I know I am not being clear. I wish I could explain but I can't'» (1999, 155). Cuando le pregunta si está dispuesta a testificar en un juicio si encuentran a los ladrones de su coche, ella tampoco contesta: «'You will have to testify. Are you ready for that?' Lucy switches off the engine» (1999,155).

Contra todo pronóstico, la policía parece haber encontrado su coche robado durante el ataque, pero ha puesto en libertad a los ladrones antes de que él haya podido identificarlos; se muestra así la inefectividad de la administración. Este pasaje es otro ejemplo de incomunicación, dado que el funcionario no responde a sus reproches: «'But wouldn't it have made more sense to call me in before you set them free, to have me identify them? Now that they are out on bail they will just disappear. You know that.' The detective is silent» (1999, 154).

El narrador evidencia que son varias las personas que no le responden, pero también existen casos en los que él no escucha. Por ejemplo, aunque el padre de Melanie trata de hablar con él en la universidad cuando su hija interpone la denuncia, David le da la espalda y lo evita.

> 'Excuse me,' he whispers, 'I have business to attend to.' Like a thing of wood, he turns and leaves.
> Into the crowded corridor Isaacs follows him. 'Professor! Professor Lurie!' he calls. 'You can't just run away like that! You have not heard the last of it, I tell you now!' (1999, 38)

Por otra parte, existen ejemplos en los que David negocia el significado de las palabras y de las dificultades que esto entraña. David y Lucy se comunican con torpeza a pesar de pertenecer a la misma comunidad lingüística. Se refieren a conceptos con un vocabulario que revela muchas diferencias de comprensión entre ambos. Por ejemplo: «'What if we don't call it a visit? What if we call it refuge? Would you accept refuge on an indefinite basis?' 'You mean asylum? It's not as bad as that, Lucy. I am not a fugitive'» (1999, 65-66).

También son evidentes las diferencias de comprensión respecto a la vida en el campo, que hemos analizado anteriormente, y que se ven reflejadas en su uso del vocabulario:

> 'Lucy, your situation is becoming ridiculous, worse than ridiculous, sinister. I don't know how you can fail to see it. I plead with you, leave the farm before it is too late. It's the only sane thing left to do.'
> 'Stop calling it the farm, David. This is not a farm, it's just a piece of land where I grow things - we both know that. But no, I'm not giving it up.' (1999, 200)

Además de la falta de comunicación con su hija, son constantes los ejemplos de errores de comunicación o malentendidos con Petrus. La primera vez que lo ve, resulta sorprendente que no se cumplan las funciones comunicativas lingüísticas propias del saludo: «'Petrus, come in. Meet my father,' says Lucy. Petrus wipes his boots. They shake hands. A lined, weathered face; shrewd eyes. Forty? Forty-five? Petrus comes to Lucy. 'The spray,' he says: 'I have come for the spray'» (1999, 64).

Tras el ataque, durante el cual Petrus había desaparecido misteriosamente, su vecino regresa a la finca y David espera que le pregunte cómo se encuentran, pero esto tampoco ocurre:

> 'I heard. It is very bad, a very bad thing. But you are all right now.'
> Is he all right? Is Lucy all right? Is Petrus asking a question? It does not sound like a question, but he cannot take it otherwise, not decently.
> The question is, what is the answer?
> 'I am alive,' he says. 'As long as one is alive, one is all right, I suppose. So yes, I am all right.'
> He pauses, waits, allows a silence to develop, a silence which Petrus ought to fill with the next question: And how is Lucy?
> He is wrong. 'Will Lucy go to the market tomorrow?' asks Petrus. (1999, 114)

Durante su fiesta, Petrus no actúa como un anfitrión: no les da la bienvenida, no les agradece su presencia, no les ofrece nada de beber. Cuando allí reconocen a uno de los violadores y descubren que pertenece a su familia, el diálogo entre David y Petrus es aún más absurdo. David le pregunta: «'Petrus, let me ask you, is this boy related to you?'» (1999, 138) y Petrus, de nuevo, no responde a su directamente: «'And why', Petrus continues, ignoring the question, 'do you want to take this boy to the police? He is too young'» (1999, 138).

En el mundo académico, existen algunas ocasiones en las que no se responde tampoco a ciertas preguntas, por educación. Cuando de regreso a su piso en Ciudad del Cabo se encuentra con Eleaine, una antigua compañera de trabajo, en un supermercado, ella elude ciertos temas sobre los que resultaría incómodo hablar:

'And how is the department getting on without me?' he asks as cheerily as he can. *Very well indeed* - that would be the frankest answer: *We are getting on very well without you.* But she is too polite to say the words. 'Oh, struggling along as usual', she replies vaguely. (1999, 179)

Al mismo tiempo, el políglota David se pregunta sobre la capacidad de su lengua materna, el inglés, de dar cuenta de la realidad sudafricana en el momento en el que se encuentran y llega a la conclusión de que: «English is an unfit medium for the truth of South Africa» (1999, 117). Además, sus conocimientos de francés e italiano, conocimientos académicos que pierden su vigencia en la vida en el campo, no le han ayudado a defenderse del ataque atroz:

He speaks Italian, he speaks French, but Italian and French will not save him here in darkest Africa. He is helpless, an Aunt Sally, a figure from a cartoon, a missionary in cassock and topi waiting with clasped hands and upcast eyes while the savages jaw away in their own lingo preparatory to plunging him into their boiling cauldron. (1999, 95)

Por otro lado, David reflexiona sobre la carencia de actualidad del inglés como lengua en la que se expresa Petrus, una lengua que él tuvo que aprender porque se impuso a través de la colonización y que él solo utiliza en sus relaciones con las personas blancas:

The language he draws on with such aplomb is, if he only knew it, tired, friable, eaten from the inside as if by termites. Only the monosyllables can still be relied on, and not all of them. What is to be done? Nothing that he, the one-time teacher of communications, can see. Nothing short of starting all over again with the ABC. By the time the big words come back reconstructed, purified, fit to be trusted once more, he will long be dead. (1999, 129)

A esto debemos añadir que observa cómo van resurgiendo lenguas de la familia bantú, que hablan las personas negras. Por ejemplo, el partido que Petrus ve en la televisión de la casa de Lucy se comenta en dos de ellas: «The commentary alternates Sotho and Xhosa, languages of which he understands not a word» (1999, 75) y los violadores hablan xhosa entre ellos. Aunque tanto Bev como Lucy han comenzado a aprender xhosa[60], símbolo de su interés en integrarse, estos idiomas que David no conoce lo desplazan de la nueva realidad sudafricana. Así se siente en la fiesta de Petrus, cuando escucha cómo se comunican sus invitados.

> The man is speaking, orating in rounded periods that rise and fall. He has no idea what the man is saying, but every now and then there is a pause and a murmur of agreement from his audience, among whom, young and old, a mood of quiet satisfaction seems to reign. (1999, 135)

Si en la novela se reflexiona sobre la idea de que las lenguas son sistemas comunicativos imperfectos, se ofrecen varios motivos. En primer lugar, porque hay situaciones que no pueden ser descritas con palabras. Así lo atestigua David cuando los hombres los atacan: «He strikes at his face like a madman; his hair crackles as it catches alight; he throws himself about, hurling out shapeless bellows that have *no words behind them*, only fear. He tries to stand up and is forced down again» (1999, 96 cursiva nuestra). También lo son porque las necesidades y expectativas de los grupos que comparten una lengua son muy diversas. David es un estudioso del lenguaje y se expresa con gran precisión. Para Petrus el inglés es una forma rudimentaria de comunicación, una simple herramienta con fines prácticos.

Además, David evoca la idea de que los significados de los signos lingüísticos y los textos que forman al encadenarse son abstracciones ligadas y cargadas de connotaciones de la cultura en la que estamos inmersos y que, por ese motivo, no siempre pueden ser traducidos a otras lenguas con facilidad, ya que se pierde parte de ese significado. Así expresa: «Pressed into the mould of English, Petrus's story would come out arthritic, bygone» (1999, 117). Quizás por ello, se sirve de extranjerismos que tienen connotaciones que no encontramos en las palabras inglesas y que también nos recuerdan que Sudáfrica tiene un pasado colonial cuyas lenguas originales, en un ejercicio de poder, han ido siendo desplazadas por lenguas indoeuropeas y que sus términos han ido invadiendo el paisaje lingüístico del país.

Disgrace se publicó en inglés primero, pero en ella abundan los préstamos no naturalizados de otras lenguas. Algunos ejemplos del francés son los términos: *nom de commerce* (1999, 8) que, refiriéndose a Soraya, le añade cierta sofisticación, y *chuchotantes* (1999, 101) [participio presente del verbo francés *chuchoter*, onomatopeya de susurrar]. Del alemán encontramos términos con un significado negativo como *schadenfreude* (1999, 42) [alegría por el pesar ajeno, aunque aparece también en el lenguaje culto

---

[60] Encontramos varias situaciones en las que ambas demuestran haber aprendido varias palabras de esta lengua.

inglés]; *Lösung* (1999, 142)[61] [solución, eufemismo para asesinato]; *handlanger* (1999, 136) [peón], y vocablos que exaltan la vida en el campo: *ländliche* way of life (1999, 113) [de *ländlich*, campestre] y *eingewurzelt* (1999, 116). Del italiano utiliza *tessitura* (1999, 81) [tejido] para describir la piel de Bev y *contadina* (1999, 181) [campesina] aludiendo a Teresa. Además de las tres lenguas europeas mencionadas, David se sirve también del latín para algunas de sus citas, pero el idioma que más utiliza para sus intrusiones en el texto en inglés son términos de origen afrikáans que forman parte del inglés sudafricano. Estos son: *boervrou* (1999, 60) [mujer del granjero] para referirse a su hija la campesina; *boytjie* (1999, 81) [chico joven]; *baas* (1999, 116) [amo]; *harijan* (1999, 158) [persona que ha recibido la bendición de la diosa hindu Vishnu]; *bywoner* (1999, 204) [granjero arrendatario], y *aanhangers* (1999, 208) [seguidores]. Curiosamente, estas palabras comienzan a aparecer una vez David se instala en la casa de su hija y siguen invadiendo las páginas de la novela con más y más frecuencia. No podrán ser traducidas por su carga cultural e histórica y demuestran que las lenguas son espacios cargados de ideología.

3.2. **Semántica y etimología**

David, experto en lenguas, dedica tiempo a explorar la conexión entre el significante y el significado de los signos lingüísticos. Para él, en un mundo lógico y jerárquico, los significantes deberían reflejar el significado de las palabras, aunque, como lingüista, es consciente de que la relación entre ambos es arbitraria:

> He remembers, as a child, poring over the word *rape* in newspaper reports, trying to puzzle out what exactly it meant, wondering what the letter p, usually so gentle, was doing in the middle of a word held in such horror that no one would utter it aloud. (1999, 159-160)

Más concretamente, cuando averigua que el nombre de uno de los violadores de su hija es Pollux, reacciona perplejo: «His name is Pollux, says Lucy. Lurie is shaken: Not Mncedisi? Not Nqabayakhe? Nothing unpronounceable, just Pollux?» (1999, 200). David se siente desconcertado ante el nombre tan sencillo y fácil de pronunciar de un hombre que es capaz de hacer tanto mal. Para Carrol Clarkson el problema reside en que el nombre no ofrece la distancia cultural que David requiere para comprenderlo como un ser completamente diferente, para que sea *el otro*, salvaje y marginado (2009, 122).

Sin embargo, cuando David observa a Pollux espiando a su hija a través de la ventana del baño mientras ella se ducha, da rienda suelta a sus prejuicios y utiliza al lenguaje hostil que evidencia una tradición lingüística de desprecio hacia las personas negras.

---

[61] Las palabras *lösen* (verbo) y *Lösung* (sustantivo), que podrían ser traducidas como resolver y solución, pueden tener en alemán una connotación muy negativa, ya que se hacen eco de la época del nazismo en el que la palabra, en su compuesto *Endlösung*, se refería específicamente, como eufemismo, al genocidio sistemático de la población judía por parte de los nazis.

The word still rings in the air: *Swine!* Never has he felt such elemental rage. He would like to give the boy what he deserves: a sound thrashing. Phrases that all his life he has avoided seem suddenly just and right: *Teach him a lesson, Show him his place.* So this is what it is like, he thinks! This is what it is like to be a savage! He gives the boy a good, solid kick, so that he sprawls sideways. Pollux! What a name! (1999, 206)

En contraposición, Lucy es cuidadosa con el lenguaje que utiliza y muestra su indignación si se utiliza la palabra *boy* en su presencia, una unidad léxica con una fuerte carga peyorativa: «In the past he has seen Lucy fly into a rage at the use of the word *boy*» (1999, 109).

Además, David, insatisfecho con la relación arbitraria entre el significante y el significado de algunos sustantivos propios, renombra aquello que conoce para satisfacer sus ideales. Un ejemplo es cómo le cambia el nombre a Melanie: «Melanie – melody: a meretricious rhyme. Not a good name for her. Shift the Accent. Meláni: the dark one» (1999, 18)[62]. Obviamente, esto es un ejercicio de poder, por eso parece probable que los nombres de los personajes principales no fueran escogidos de forma aleatoria. El nombre de origen hebreo del protagonista, David, significa amado y nos recuerda al rey David de la Biblia: pastor, músico, poeta, soldado, profeta y rey, y un hombre, que como David de *Disgrace*, era erudito y tenía inquietudes artísticas, pero también fue conocido por sus relaciones indecorosas con las mujeres[63]. Su apellido, Lurie, recuerda a la palabra inglesa *lurid*, que puede ser traducida como horripilante[64].

Melanie significa mujer de piel, ojos y pelo negros, y así se la describe: «She is small and thin, with close-cropped *black hair*, wide, almost Chinese cheekbones, large, *dark eyes*» (1999, 11, cursiva nuestra), aunque no haya alusión al color de su piel. Su apellido, *Isaacs*, nos recuerda a Isaac, el hijo que Abraham debía sacrificar con sus propias manos en el Monte Moirá. Soraya, cuya etimología nos traslada a la lengua árabe y que significa abundancia, también es descrita como una mujer de pelo y ojos oscuros: «Soraya is tall and slim, with long *black hair* and *dark*, liquid *eyes*» (1999, 1, cursiva nuestra).

El nombre *Lucy* significa luz y claridad[65], y es también la patrona de los ciegos y los escritores. No es casualidad que, a medida que avancemos en el argumento, Lucy

---

[62] También el protagonista de *Faust* cambia el nombre de su amada de Margarite a Gretchen.

[63] Según la Biblia, el rey se enamoró de Betsabé y comenzó una relación con ella, a pesar de que era una mujer casada con un soldado que estaba luchando en la guerra. Como resultado de sus encuentros, se quedó embarazada. El adulterio de la mujer, en Israel, estaba penado con la muerte. Para evitar este fin, David, como jefe del Ejército, pidió que el marido regresara de la guerra para hacerle creer que el hijo era suyo, pero este se negó. David ordenó, entonces, que lo situaran en el lugar más peligroso de la batalla para que falleciera en la lucha. De esta forma, logró casarse con ella.

[64] El periódico que publica la noticia de ataque en casa de Lucy, *Argus*, lo escribe erróneamente como Lourie, quizás es esto una crítica a la poca fiabilidad de los medios de comunicación.

[65] Los nombres de Melanie y Lucy son interpretados por Graham (2003) como vestigios de una tradición literaria en la que la violación a la mujer es parte importante del argumento. Establece así una conexión

se convierta en la guía de David: «He lays a protective hand on Lucy's shoulder. My daughter, he thinks; *my dearest daughter. Whom it has fallen to me to guide. Who one of these days will have to guide me*» (1999, 156).

Al comienzo de la novela, las palabras que significan luz y luminosidad se repiten en referencia a Lucy. La primera vez que aparece, está iluminada por la luz del sol. Además, se le presenta en sueños a David, en un campo de luz blanca:

> He has had a vision: Lucy has spoken to him; her words - 'Come to me, save me!' - still echo in his ears. In the vision she stands, hands outstretched, wet hair combed back, in a field of white light. He gets up, stumbles against a chair, sends it flying. (1999, 103)

Sin embargo, la casa en la que vive Lucy, lugar del atroz crimen, es descrita como fría y oscura. El ataque convierte a Lucy en una mujer apagada y sombría, y después de la agresión David menciona: «Lucy has to make her way from the darkness to the light» (1999, 107). Prueba de que ella pierde temporalmente su capacidad para guiar es la parte de la novela en la que, para llegar a la fiesta nocturna de Petrus, Lucy había llevado una linterna —de nuevo, el simbolismo de su nombre como aquella que ilumina el camino— pero allí la pierde, y ambos regresan a su casa en plena oscuridad.

Cuando David vuelve a su casa en Ciudad del Cabo después de dos meses de convivencia con su hija, descubre que un grupo de personas ha entrado a la fuerza en ella —nótese que, de nuevo, él es víctima de los actos que llevó a cabo anteriormente de forma impune— y ha robado muchos de sus enseres: ropas, cubertería, zapatos y discos de Beethoven and Janáček. Dado que no se ha ocupado de pagar sus facturas, ni el teléfono ni la luz funcionan. Reflexiona sobre su intrusión en la vida campestre y echa de menos a la familia de patos. Regresa a su despacho, donde encuentra a un joven trabajando[66]. Sus cosas han desaparecido. No es baladí que en la pared solo pueda verse un póster de Superman mientras es reprendido por Lois Lane —un nuevo tipo de mujer empoderada que gana terreno en la nueva Sudáfrica—, tampoco que cuando trata de entrar en la biblioteca, su tarjeta de acceso ya no funcione. David ha sido apartado de todos sus privilegios como hombre blanco de clase media y profesor universitario. En ese momento, sin trabajo, dignidad, destronado de su posición de poder, sin acceso al mundo de la cultura y en completa oscuridad, David no puede

---

entre los nombres Lucy en *Disgrace* y Lucrecia en el poema narrativo *The Rape of Lucretia* (1594) de Shakespeare, en el que la protagonista, tras haber sido violada por Sexto Tarquino, decide quitarse la vida. Al mismo tiempo, argumenta que el nombre de Melanie está relacionado con el de Filomena, que en la *Metamorfosis* de Ovidio es violada por Tereo, el marido de su hermana Procne. Para impedir que lo cuente, Tereo le corta le corta la lengua, pero Filomena le hace llegar un mensaje a su hermana en forma de un lienzo donde ella ha hilado su historia. Para Graham no es casualidad que ambos nombres, Lucrecia y Filomena sean fonéticamente tan similares con Lucy y Melanie, los nombres de las mujeres violadas en *Disgrace*.

[66]   Una antigua compañera de trabajo le comenta después que es especialista en lingüística aplicada, una disciplina emergente a finales del siglo xx, que se enfoca en cuestiones prácticas.

dormir y comienza a componer la ópera que hasta ahora no había podido empezar. Es durante la hora más oscura de la noche, cuando la Condesa Teresa —ya no la joven hermosa que imaginaba, sino una mujer madura y achacosa— se presenta en forma de inspiración y le ilumina para escribir el libreto e incluso componer la música con el banyo de su hija. Lucy, la luz, ha sabido guiarle hacia los animales y la vida sencilla del campo, y esa luz le alumbra el camino para encontrar la inspiración.

4. CONCLUSIÓN

Disgrace retrata una Sudáfrica que trata de modernizarse; ejemplo de ello son la transformación de la universidad que ofrece asignaturas más prácticas, la industrialización del campo, el cambio de roles en la sociedad rural, pero al mismo tiempo describe un país que no atina a librarse del peso de los errores cometidos en el pasado. Algunas de las críticas negativas de la novela no han prestado la suficiente atención a sus estrategias narrativas, por ejemplo, al hecho de que estemos anclados en la visión que David nos ofrece, o a que los personajes aparecen caracterizados por su dominio del lenguaje y su lugar en la novela está determinado por la incapacidad de David para escucharlos. No ocurre lo mismo en cuanto al color de su piel, puesto que esta información no aparece de forma explícita y somos las personas lectoras quienes, guiadas por el andamiaje de nuestras culturas y experiencias, interpretamos que los atacantes son personas negras, cuando en realidad esto no se menciona específicamente.

Sabemos que Coetzee no es un autor políticamente correcto, sino un malabarista de las palabras que refleja y cuestiona las estructuras en las que estamos inmersos. Si tenemos en cuenta, precisamente, que es blanco y originario de Sudáfrica, es difícil que no le tachen de racista si critica ciertos comportamientos de algunas personas negras, pero no debemos dejarnos engañar. Coetzee no se recrea en estereotipos; critica la violencia sexual, que desgraciadamente forma parte de la realidad sudafricana, pero pone en la antesala de su novela la larga historia de explotación de las personas negras a manos de las blancas[67].

El protagonista de *Disgrace* es un hombre que percibe y valora a las mujeres solo y exclusivamente por su atractivo sexual. Todos y cada uno de los personajes femeninos que aparecen en la novela, Soraya, Melanie, Desiree, Doreen —la mujer de Petrus— y Bev, adquieren relevancia en la medida en la que son más o menos deseables a sus ojos. Incluso se lamenta de que su hija no evidencie su atractivo al llevar ropas holgadas y que descuide su figura. Además, desdeña la vida de campo y aspira a una existencia

---

[67] Un ejemplo similar lo encontramos en el escritor alemán Günter Grass, que recibió contundentes críticas tanto desde el ámbito político como del consejo central de judíos en Alemania, tras la publicación del poema «Was gesagt werden muss» (2012) (Lo que hay que decir), en el que cuestionó la posición de Israel frente a Irán y criticó el envío de submarinos del Estado alemán a Israel, por lo que fue tachado de antisemita.

académica y artística, que considera superior. Al comienzo de la novela, justifica sus acciones a través de sus gustos por la literatura y la música romántica, y enfatiza así su supuesto derecho a satisfacer sus deseos. Coetzee nos ofrece una crítica al Romanticismo como exaltación del individualismo y muestra, en la experiencia de David en el campo, que algunas de nuestras aspiraciones románticas solo tienen sentido en una versión platónica del mundo.

Por otra parte, Lucy representa una forma de vida que enfatiza el sentido de la responsabilidad hacia los otros, ya sean animales o seres humanos. Habla algunas palabras de xhosa, es según Petrus una mujer que mira hacia el futuro: «forward-looking» (1999, 136) y representa una reconciliación con la que nadie parece estar satisfecho. Por otra parte, es marcada trágicamente a través de una agresión que sucede porque es mujer, quizás también porque es homosexual, y este acto terriblemente cruel es consecuencia directa de una violencia que sometía a algunas personas y que se perpetró a manos de los blancos, que el autor pone en la antesala del crimen en cuanto a las relaciones entre su padre y algunas mujeres de las que abusa. Es posible que no sea la primera vez que Lucy es violada. Cuando su padre sugiere que interrumpa su embarazo, ella responde: «That is something I am not prepared to do *again*» (1999, 198, cursiva nuestra).

Aunque David nos transmite que su hija no desea hablar de lo sucedido y algunos críticos, incómodos, se preguntan por qué, es importante recordar que David, como narrador, nos ofrece una versión limitada de la realidad desde su posición aventajada. De hecho, toda la descripción e información que leemos sobre ella es a través de su mirada masculina y heterocentrada. En esta línea, resulta muy interesante enfatizar las posibles interpretaciones que hemos señalado una vez nos centramos en este personaje femenino, quien desea ser protagonista de su vida. Además, aunque Lucy no hable con su padre, lo ha hecho con su amiga Bev. En este sentido, Lucy, como Magda en *In the Heart of the Country* y Susan en *Foe*, dice en repetidas ocasiones que ella desea narrar su propia historia y no ser narrada por otros; reivindica así vivir su vida según sus principios, cuestión crucial feminista.

Aunque existen numerosas interpretaciones de la novela, estas no han analizado las aspiraciones platónicas o el narcisismo del personaje —que hemos examinado en este capítulo—, tampoco la influencia que ejerce el protagonista sobre los demás precisamente a través de su lenguaje privilegiado y cómo pierde su posición aventajada a medida que, en su mundo cambiante, el inglés comienza también a ser desplazado por otras lenguas que van ganando importancia y que lo excluyen porque él, en su ensimismamiento romántico, no contempla su aprendizaje. El poder que va perdiendo David como erudito del lenguaje lo relega desde su mundo privilegiado a uno en el que será un mero observador y un intruso.

Disgrace transforma y critica el género literario sudafricano por excelencia, el *plaasroman*, ya que nos ofrece una versión realista de la cruel vida en el campo sudafricano. Si la novela pastoral sudafricana exaltaba una sociedad patriarcal, *Disgrace* revisa estos valores y propone un final donde en la naturaleza nace un matriarcado, con una Lucy luminosa de nuevo, que comienza sin bienes materiales, pero con dignidad, y que toma sus propias decisiones. La obra concluye con una idea principal, tratar de ser una buena persona en tiempos oscuros. David se dice a sí mismo: «Du musst dein Leben ändern» (209 ,1999)[68], haciéndose eco del poema de Rilke «Archaischer Torso Apollos», que trata la relación de la ética y el arte. Esta voz interior le implora, a él que se consideraba incorregible, a cambiar su vida y comenzar a sentir por los demás.

Al final de la novela, y en su colaboración en la clínica, desarrolla un vínculo con uno de los perros abandonados. Se trata de un ejemplar joven, que parece interesarse por la música que David compone. Al menos así lo demuestra cuando escucha el banyo:

> The dog is fascinated by the sound of the banjo. When he strums the strings, the dog sits up, cocks its head, listens. When he hums Teresa's line, and the humming begins to swell with feeling (it is as though his larynx thickens: he can feel the hammer of blood in his throat), the dog smacks its lips and seems on the point of singing too, or howling. (1999, 125)

Además, se trata de un perro que profesa un amor incondicional por David, algo que ningún otro personaje ha exteriorizado: «Arbitrarily, unconditionally, he has been adopted. The dog would die for him, he knows» (1999, 215). En la última página, en una de sus sesiones en la clínica, tras haber practicado la eutanasia a más de 20 perros, David se lo entrega a Bev. Ha estado postergando su muerte, pero no desea hacerlo más. Este perro simboliza, según Paul Patton (2004), todo aquello a lo que está dispuesto a renunciar: su honor, orgullo intelectual, soberbia y, en definitiva, su identidad privilegiada. Este era el perro al que él, consciente del poder del lenguaje, evitó poner un nombre.

---

[68] Traducción propia: «Debes cambiar tu vida».

Capítulo 5

The Childhood of Jesus, The Schooldays of Jesus
y *La muerte de Jesús:*
el elogio a la danza y a la música

> The best proof that life is good,
> and therefore that there may be perhaps a God after all,
> who has our welfare at heart,
> is that to each of us, on the day we are born,
> comes the music of Johann Sebastian Bach.
> It comes as a gift, unearned, unmerited, for free.
>
> (Coetzee *Diary of a Bad Year*, 221)

1. Introducción: entre la filosofía y las matemáticas

El traslado de Coetzee de Sudáfrica a Australia en 2002 parece coincidir con un cambio en el contenido, la forma y el énfasis de su obra[1]. Sus novelas siguen animando a los lectores a tomar partido ante cuestiones éticas complejas, pero la diferencia estriba en que a partir de *Elizabeth Costello* (2003) se hace patente un nuevo tono filosófico más intenso[2]. De hecho, esta novela está compuesta por varias conferencias filosóficas y aborda la importancia de las actitudes y los comportamientos humanos hacia los animales. Su siguiente obra, *Slow Man* (2005), se centra en la naturaleza del cuidado y las emociones, y en *Diary of a Bad Year* (2007) Coetzee presenta opiniones contundentes sobre varios temas políticos, morales y artísticos, entre otros. *Siete Cuentos Morales* (2018), por su parte, recupera al personaje de Elizabeth Costello —convertida en una anciana arrinconada en los últimos meses de su vida—, quien enfatiza la primacía de la ética en la vida.

---

[1]   Así lo señalan varios autores, entre ellos, Boehmer, Lynda Ng y Paul Sheehan (2016).

[2]   Robert Pippin argumenta que en sus novelas está más presente la filosofía —especialmente algunas de las ideas de Hegel, Nietzsche y Buber— que en las de cualquier otro escritor contemporáneo (2010, 22); por otro lado, Anton Leist y Peter Singer coinciden en que su obra es profundamente filosófica por su inusual grado de reflexividad, una búsqueda paradójica de la verdad y una ética de lo social (2010, 6-7).

A pesar de la idea de Platón de que la literatura no puede contribuir a las discusiones filosóficas, lo cierto es que las últimas obras de Coetzee ilustran cómo la filosofía puede encontrar expresión artística en la novela. Algunas de las ideas que se ensartan ya habían aparecido en obras anteriores, pero lo hacen en *The Childhood of Jesus* (2013), *The Schooldays of Jesus* (2016) y *La muerte de Jesús* (2019)[3] con más profundidad. En nuestra interpretación de esta trilogía ganará relevancia la filosofía clásica, en especial la separación que Platón estableció entre el mundo del intelecto y el de los sentidos, y algunas de las ideas de su principal fuente de inspiración, Pitágoras[4].

Una de las aportaciones más importantes de la filosofía de Platón es su teoría de las formas, que distingue entre dos niveles de realidad: el primero se denomina mundo de las ideas y sirve de modelo para el segundo, el mundo sensible, un reino gobernado por las pasiones y las experiencias, en el que vivimos los seres humanos (Ferguson 2008, 138). Platón se interesaba asimismo por los números y creía que existen tres etapas en la educación, que se corresponden con las tres virtudes que debe alcanzar el alma: la templanza, el valor y la sabiduría. Estas se logran gracias a la música, el entrenamiento físico y las matemáticas (Marshall 1891, 281). Dicho esto, es importante recordar que las matemáticas son una de las especialidades en las que se formó Coetzee y un tema al que presta mucha atención en *The Schooldays of Jesus*. Aunque creemos de forma generalizada que se trata de una disciplina vinculada a la razón, sobre todo a partir de la Ilustración —movimiento que hizo hincapié en el uso de la razón para obtener conocimientos y desarrollar ideas—, Coetzee muestra que incluso las matemáticas pueden no siempre explicarse mediante la razón. En cualquier caso, parece cierto que: «if we have forgotten that the Enlightenment rests on sentimental foundations as much as rational ones, it is because the scientific rationalism of the Enlightenment has had a much more lasting impact on the Western tradition» (Woessner 2010, 236).

Es importante recuperar asimismo la figura de Pitágoras, quien fue uno de los filósofos más influyentes en la Antigua Grecia y cuyas opiniones «were taken by his followers as sacred revelations» (Hermann 2004, 17), porque está considerado el fundador de las matemáticas, estableció las bases de la teoría numérica y descubrió la importancia de los números en la música, pero además porque creía que los números eran la clave de todo conocimiento y que podían elevar el alma a la inmortalidad (Ferguson 2008, 67). Todo esto es importante en nuestro análisis de las tres novelas, en especial en el

---

[3]   Cabe señalar que la crítica ha acogido estas tres novelas, en líneas generales, con poco entusiasmo. Alex Preston, por ejemplo, calificó *La muerte de Jesús* como «an elaborate joke by its autor at the expense of the exegetes attempting to 'translate' his work» (2019) en *The Guardian*, Peter Kemp se refiere a Coetzee como «the high priest of obfuscation» (2020) en *The Times* y Javi Martínez destaca que «[l]a trilogía del sudafricano acaba fatigosamente, lastrada por simbolismos insondables» (2019) en *El Mundo*.

[4]   Tanto es así que Bertrand Russell defiende que el platonismo es, en esencia, una versión del pitagorismo (1945, 37).

de *The Schooldays of Jesus,* ya que esta es un intenso diálogo intertextual con algunas de las ideas filosóficas tanto de Platón como de Pitágoras.

Además, Coetzee es conocido como uno de los escritores y críticos literarios contemporáneos más cultos y consagrados. Sorprendentemente, *The Childhood of Jesus,* *The Schooldays of Jesus* y *La muerte de Jesús,* especialmente la segunda, incorporan por primera vez elementos míticos y fantásticos, y esto merece nuestra atención en la medida en la que constituye una nueva práctica en su carrera literaria, revitalizando, de nuevo, el género literario de la novela, como viene haciendo desde que publicó *Dusklands* en 1974, o quizás simplificando su estilo. En este sentido, es relevante que Coetzee mencione en una de sus cartas a Auster:

> It is not uncommon for writers, as they age, to get impatient with the so-called poetry of language and go for a more stripped-down style ('late style'). The most notorious instance, I suppose, is Tolstoy [...]. A loftier example is provided by Bach, who at the time of his death was working on his Art of Fugue, pure music in the sense that it is not tied to any particular instrument. (Auster y Coetzee 2014, 88)

The Schooldays of Jesus es la continuación de *The Childhood of Jesus* y *La muerte de Jesús* funciona como conclusión de las dos. Es posible leer las tres novelas de forma independiente, pero sus tramas se complementan de forma evidente. Escritas en presente histórico y narradas con la engañosa sencillez de una fábula, presentan una sociedad sin un pasado discernible, gobernada por la supuesta buena voluntad de sus habitantes, en la que tres personajes intentan aprender a comportarse como una familia, aunque es debatible si llegan a serlo realmente. La trilogía se teje en torno a la figura de un niño, David[5], y aborda la importancia de los números (y las palabras) para ampliar nuestra comprensión del mundo.

En *The Childhood,* David y Simón —un hombre de unos cuarenta y dos años— desembarcan juntos de un barco tras un largo viaje. Como observa Maria Luise Knott (2020), esta travesía representa la marcha a través del río Estigia, que en la mitología griega simbolizaba el límite entre los vivos y los muertos. Proceden de un territorio lejano y han sido «immersed in the waters of forgetting» (2013, 206), es decir, han perdido toda memoria de sus vidas anteriores y olvidado sus lenguas maternas. Dice Ricardio Carpio que «el viaje en barco desde un lugar donde todo está perdido hacia la tierra del nuevo comienzo es fácilmente interpretable como el símbolo de las oleadas migratorias que han marcado las dos primeras décadas de este siglo» (2020, 134)[6], pero son otras muchas las interpretaciones que abordaremos en este capítulo. David, un niño tímido al que

---

[5]   El nombre de David cuenta con una tilde (Davíd) en *The Schooldays of Jesus*, pero no en las otras dos obras de la trilogía ni en las traducciones al español.

[6]   Attwell, Attridge, Boehmer y Robert Pippin se acercan a esta interpretación en el *podcast* «Migrant being in the Jesus novels» (2022).

se le asigna una edad de cinco años, se separó involuntariamente de su madre durante el viaje y no la recuerda. Simón asume el rol de su tutor mientras le ayuda a encontrarla. Está convencido de que la reconocerá cuando la vea, algo bastante irracional, dado que no sabe nada de ella[7].

Tras seis semanas en un campamento en Bellstar, comienza la narración con su llegada al «*Centro de Reubicación de Novilla*» (2013, 1)[8], una ciudad donde se les proporciona comida, alojamiento, dinero, empleo e incluso un amplio abanico de formas de ocio y oportunidades de desarrollo personal a todos los recién llegados. También reciben nuevos nombres, ya que Simón y David no recuerdan los anteriores, y en sus documentos figura una edad aproximada. Ninguno de los dos domina el español —esta es la lengua de ese nuevo mundo—, apenas han recibido unas clases en Bellstar y la novela no indaga en las dificultades que entraña aprender un idioma sin tener ninguna otra a la que recurrir, ni siquiera para pensar o soñar, ni en la incongruencia de que todas las personas que allí habitan han tenido que comenzar de la misma manera, con lo que eso implica para la función comunicativa de ese idioma.

The Childhood nos sumerge en un misterioso territorio onírico. El escenario es un limbo donde las personas han sido expurgadas de todos sus deseos: no necesitan ingerir carne ni tener relaciones sexuales ni se describen nunca momentos de pasión ni otras necesidades terrenales. El lugar evoca la idea cristiana del cielo y, en cierta medida, la ciudad que Platón describe en *La República*; de hecho, los diálogos filosóficos forman parte importante de la novela. Así, señala Valeria Mosca que «philosophical disputes take up space in nearly every chapter, and almost word-for-word references to a number of Socratic dialogues are easily detected through the book» (2016, 128). Además, Simón mantiene conversaciones sobre el sentido de la vida y se matricula en un curso sobre filosofía donde se discute la «sillicidad» (2013, 122) de una silla[9], y esto nos recuerda la teoría de las formas o de las ideas de Platón, que defiende que las formas son identidades inmutables y eternas que existen fuera de nuestro alcance, en un mundo metafísico al que no tenemos acceso. Las cosas con las que convivimos son meras imitaciones imperfectas de esas formas. En el curso al que asiste Simón se explica que una silla es solo un objeto físico, una variación imperfecta de la silla ideal que existe en el mundo de las formas. Haciéndose eco de estas ideas, Simón, que intenta constantemente explicar el mundo a David de forma racional, le dice en algún momento: «We are like Ideas. Ideas never die» (2013, 133)[10]. Además de esta

---

[7]   Esta es una de las cuestiones que resultan bastante incoherentes en el argumento. Es evidente que no se puede reconocer a una persona de la que nada se sabe.

[8]   Las palabras en español aparecen en cursiva tanto en el original como en la traducción al español de Miguel Temprano García y nos recuerdan que esta es la lengua que utilizan los personajes para comunicarse.

[9]   La palabra *sillicidad* no existe en castellano, pero es fácil entender que se refiere a la cualidad que distingue una silla de cualquier otro objeto.

[10]   Nótese la mayúscula de la palabra *ideas*.

intertextualidad con Platón, encontramos al menos una referencia a Heráclito cuando Simón dice: «The waters of the ocean flow and in flowing they change. You cannot step twice into the same waters» (2013, 144), ya que este filósofo era conocido por enfatizar, mediante esta metáfora, que todo está en constante cambio.

Sin embargo, Novilla, a pesar de sus rasgos celestiales, se convierte en una especie de purgatorio para Simón, que ansía encontrar alguna forma de pasión y se pregunta:

> Everyone I meet is so decent, so kindly, so well intentioned. No one swears or gets angry. No one gets drunk. No one even raises his voice. You live on a diet of bread and water and bean paste and you claim to be filled. How can that be, humanly speaking? Are you lying, even to yourselves? (2013, 30)

Como señala Ileana Dimitriu, «an untrammelled rationality of goodwill and kindness, instead of invoking our admiration, points to an almost surreal split between mind and body, or reason and emotion» (2014, 71). A pesar de la promesa de paz y tranquilidad, y de tener todas sus necesidades cubiertas, Simón tiene dificultades para adaptarse a este nuevo lugar. Comprende y valora lo que esta nueva vida puede ofrecerle, pero le preocupan las consecuencias de tal elección, puesto que «it involves stilling the 'hunger' of passion, or closeness of physical intimacy» (Dimitriu 2014, 71).

Aunque los títulos hacen referencia a Jesús, las tres novelas tratan de David, un niño seguro de sí mismo, pero la conexión bíblica del argumento es obvia. De hecho, Simón no es (como tampoco lo es José) el verdadero padre del niño, sino una figura tutelar que simbólicamente lo adopta y cuida de él. Cuando Simón finalmente localiza a una mujer llamada Inés que puede ser la madre de David —aunque el argumento presente este hecho como poco probable[11]— ella, misteriosamente, acepta convertirse en (o en actuar como) su madre. Sin embargo, en la novela se la describe como una persona caprichosa y autoindulgente, nunca *reconoce* al niño ni muestra un apego especial por él y en la segunda novela se convierte en una madre sobreprotectora y poco preparada.

David, Simón e Inés huyen de Novilla a causa de un censo y la posibilidad de que David, el niño que se vuelve revoltoso e incluso rebelde en la escuela, sea enviado a un reformatorio[12]. El motivo es que no se adapta al centro educativo: en lugar de leer libros infantiles, acordes a su edad, prefiere recitar fragmentos enteros de *Don Quijote*; es incapaz de hacer sumas porque utiliza abstracciones de números, pero no vincula esos números a aquello que representan. Mientras Simón persigue cuestiones racionales,

---

[11] También hay varias sugerencias de que Inés es virgen, lo que haría imposible que fuera la madre de David. El nombre de Inés significa casta, posiblemente en referencia a su virginidad. Simón se pregunta: «May she indeed be […] a virgin or at least the virginal type?» (2013, 103).

[12] Este traslado de la familia recuerda a la huida de Jesús, María y José a Egipto ante la amenaza de la matanza de los inocentes de Herodes, que se narra en el Evangelio de San Mateo.

y esto es significativo en nuestra interpretación, David se obsesiona con la idea de que los números son mágicos y tienen significados secretos[13].

La segunda novela de la trilogía, *The Schooldays of Jesus*, comienza con el viaje de los tres protagonistas, acompañados de su perro Bolívar, hacia un pueblo llamado Estrella. Si bien las tres novelas se sitúan en un lugar donde todos los personajes experimentan una realidad diferente a la que consideraríamos objetiva, esta segunda incorpora muchos elementos mágicos y está especialmente anclada en «an almost surreal milieu» (Dimitriu 2018, 55). El argumento de *The Schooldays* destaca por su simbolismo y espiritualidad, su trama enfatiza la importancia de la magia como símbolo de la irracionalidad, e incluye elementos como la telepatía, una mujer de belleza sobrenatural y un hombre despreciable y abocado a hacer el mal, cuyo comportamiento impulsivo es presagiado por una copiosa tormenta.

En *The Schooldays*, Inés y Simón se convierten en jornaleros de una granja frutícola que se ubica a las afueras del pueblo, algo que un autoestopista llamado Juan les recomienda[14]. En ese lugar todas sus necesidades se ven satisfechas y el niño parece florecer, pero Roberta, quien regenta la granja, les insiste en que David necesita una educación formal y recomienda para ello a un ingeniero que da clases particulares de forma altruista. Este profesor, el señor Robles, se ofrece a revelar al niño los fundamentos de las matemáticas, pero tras su primer encuentro —en el que explica al niño qué es un número y le enseña a contar hasta tres, aunque el niño le insiste en que ya sabe contar hasta un millón—, se evidencia que el maestro no sabe cómo tratar a un niño que no se ajusta a sus dictados y a su metodología de enseñanza. Simón e Inés deciden poner fin a las clases.

En esa breve lección, el señor Robles se centra en que su alumno aprenda a hacer clasificaciones. Le enseña el número dos a David, pidiéndole que identifique las características distintivas relevantes (identidad numérica) y que las compartimente. Según Emma Williams (2019), esto se consigue gracias a procesos de abstracción, es decir, en cuanto pensamos más allá de las características singulares de los objetos —como bolígrafos rojos y azules— en ideas o categorías universales —la de bolígrafo y luego la de objeto—. Robles relaciona esta capacidad de abstracción con nuestra capacidad para el lenguaje. El lenguaje humano, al igual que las matemáticas, se puede presentar desde una perspectiva referencialista como una herramienta que nos permite nombrar y así clasificar y estructurar el mundo. De ahí que las palabras se entiendan como etiquetas o marcadores que pueden dar nombre a una serie de objetos singulares diferentes.

---

[13] No es la primera vez que las matemáticas y los números se relacionan con la irracionalidad en la ficción de Coetzee. Elizabeth Costello menciona en la novela homónima a Srinivasa Ramanujan, un matemático indio que murió prematuramente a los 33 años y que, según ella, era un genio cuya mente estaba probablemente más cerca de Dios y la razón, precisamente debido a su percepción matemática del mundo.

[14] De nuevo, es posible establecer una conexión bíblica; en este caso entre este personaje y el apóstol San Juan.

Sin embargo, David plantea un problema al acercamiento de Robles en cuanto a la clasificación en categorías y conjuntos establecidos porque no deduce (o no quiere entender) esta clasificación[15]. El lenguaje articulado no solo representa (nombra) nuestro mundo, es una herramienta productiva que genera nuevos enunciados con nuevos significados, significados que dependen del contexto y que cambian a lo largo del tiempo. Este tipo de lenguaje es especialmente importante en la literatura[16]. No en vano, Simón le explica a David en *La muerte de Jesús* que leer no consiste solo en «transformar signos impresos en sonidos», es decir, no se trata de pronunciar las palabras sin comprenderlas, y añade: «Leer de verdad significa escuchar lo que un libro tiene que decir, y reflexionar sobre ello… tal vez, incluso, tener una conversación mental con el autor» (2019, 16).

En una llamada telefónica en la que los padres le comunican al profesor Robles su decisión, este insiste en que David tiene un problema cognitivo y que será incapaz de aprender las matemáticas, por lo que les recomienda que estudie una formación profesional. Es obvio que la educación formal se convierte en una dificultad para la familia, a pesar de que el niño es muy inteligente y desea aprender. Cabe destacar lo absurdo de la opinión del profesor voluntario —sin formación específica para la enseñanza— tras una única clase de muy breve duración. Entre las muchas otras novelas que tratan este tema, resulta tentador destacar *Die Verwirrungen des Zöglings Törless* (1906)[17] de Robert Musil —el autor austriaco es una de las recomendaciones literarias de Coetzee y dos de sus obras forman parte de su *Biblioteca Personal*[18]—. La novela ilustra las devastadoras consecuencias de los sistemas educativos autoritarios en el Imperio austrohúngaro (el estudiante al que se refiere el título es cadete del Ejército) y su contribución al ascenso del fascismo. Varios pasajes están dedicados a las matemáticas, lo que proporciona un interesante subtexto a *The Schooldays*. De hecho, el *Bildungsroman* de Musil exalta la idea de la duplicidad de las matemáticas. Por un lado, vistas con los ojos de la razón, las matemáticas parecen exactas y seguras; sus resultados indican algo sólido. Sin embargo, esta ciencia es capaz de ir más allá de la razón, revelando su naturaleza salvaje e inquietante, como cuando Törless, su protagonista, se confunde al contemplar la altura del cielo y toma conciencia de su incapacidad para captar su inmenso tamaño. En otra ocasión, mantiene una conversación con su profesor de matemáticas porque está

---

[15]   Sobre la incapacidad de los números de dar cuenta de la realidad habla Coetzee con Auster en sus cartas en relación a la crisis económica del 2008: «But the numbers 1, 2, … 9 are mere signs, no less than the letters a, b, c, … z are mere signs. So it could not have been the drop in the numbers that in itself made us poorer. It must have been something that was signified by the drop in the numbers that did it» (2014, 19). No son los números en sí mismos, sino aquello a lo que remiten lo que debemos comprender.

[16]   Dice Chivite de León que Coetzee evidencia que somos «prisioneros de las contradicciones y paradojas del lenguaje que, sabemos ahora, fracasa en sus aspiraciones cognitivas y representacionales» (2008, 188).

[17]   Traducida al español como *Las tribulaciones del estudiante Törless* por Roberto Buxio y Feliu Formosa.

[18]   *Tres Mujeres* (1924) y *Uniones* (1911) de Musil se incluyen en la selección en español.

interesado en comprender los números imaginarios. Sus preguntas revelan sus dudas sobre si los números son invenciones humanas o si existen por sí mismos. Si esta reflexión sirve para poner de relieve el aspecto más irracional de las matemáticas, en *The Schooldays* parece evidente que la decepción del tutor de matemáticas está motivada por el interés del niño en entender las matemáticas de un modo irracional.

2. EL ELOGIO A LA DANZA Y LA MÚSICA

La pequeña familia se traslada a Estrella, donde Inés y Simón consiguen un trabajo y deciden enviar al niño a la Academia de Danza[19], dirigida por el señor Juan Sebastián Arroyo (el nombre es la traducción literal del de Johann Sebastian Bach al español) y la misteriosa Ana Magdalena, una mujer por la que Simón se siente inmediatamente cautivado. Ana Magdalena es descrita como un espíritu grácil con poderes clarividentes. Simón dice que su piel es pura como el alabastro y se asombra cuando se da cuenta, al menos en dos ocasiones, de que ella puede leer sus pensamientos. Seguramente no es coincidencia que Bach estuviera casado, en segundas nupcias, con una soprano llamada Ana Magdalena, quien revisaba y transcribía sus partituras[20]. Otra similitud que se evoca en la novela es que ella crio a los hijos que su marido había tenido con su primera esposa, que falleció repentinamente. Al igual que en *The Schooldays*, su relación estaba basada en su amor por la música. Al final de sus clases, la ficticia Ana Magdalena emite un sonido que se asemeja al de un arco y los niños tienen que armonizar con él. Lo que utiliza es seguramente un diapasón, un instrumento musical que produce una sola nota y que, según algunas personas, facilita el equilibrio y la armonía, al provocar un cambio positivo en los patrones energéticos y disolver la energía negativa. Coetzee parece haberse dejado influir por la idea romántica de Friedrich Schiller sobre la belleza al describir a este personaje, que es la reencarnación tanto de la belleza más absoluta como de los valores morales. Cuando Ana Magdalena se encuentra con Simón por primera vez, le explica que ella y su marido entrenan el alma hacia la bondad. Para Schiller, la belleza solo puede alcanzarse en combinación con la aceptación del deber y el reconocimiento de los valores morales. Ana Magdalena representa esto y es descrita varias veces como una mujer de belleza sobrenatural; en palabras de Simón, es «strikingly beautiful [...] the beauty, as if a statue had come to life and wandered in from the museum» (2016, 43). También dice que «he could spend hours gazing at her, rapt in admiration at the perfection she represents» (2016, 93), pues es una combinación que da como resultado un alma genuinamente hermosa.

---

[19]   Las Academias de Canto y de Danza de Estrella, dice Roberta, educan en estas enseñanzas, pero también ofertan asignaturas sobre conocimientos académicos básicos.

[20]   Si tenemos en cuenta la época, es probable que el matrimonio se celebrase por amor, ella contaba con una asignación que le permitía vivir desahogadamente.

Coetzee ha expresado varias veces su reconocimiento y admiración por Bach. En una entrevista con Peter Sacks, compara a Beethoven con Bach, mencionando al primero como epítome del genio artístico y al segundo como ejemplo de perseverancia, con quien él mismo se siente más afín (Coetzee 2001). Pero también declara que siempre hay un momento misterioso en la improvisación de las composiciones musicales de Bach. Así retrata a Arroyo en *The Schooldays*, es decir, como un virtuoso «with his head in the clouds» (2016, 55), probablemente enfatizando esta conexión y la religiosidad de Bach. Además, Coetzee explica el impacto que le causó la música de Bach cuando, en 1955, escuchó por primera vez su *Clave bien temperado* desde la casa de un vecino:

> Is there some non-vacuous sense in which I can say that the spirit of Bach was speaking to me across the ages, across the seas, putting before me certain ideals; or was what was really going on at that moment that I was symbolically electing high European culture, and command of the codes of that culture, as a route that would take me out of my class position in white South African society and ultimately out of what I must have felt, in terms however obscure and mystified, as a historical dead end ...? (2002b, 10-11)

Esta pasión también queda patente en *Age of Iron*, cuya protagonista —la Sra. Curren— toca al piano diferentes piezas del compositor alemán. Primero se centra en «the old pieces: preludes from the Well-Tempered Clavier» (1990, 23), pero también menciona: «I went back to Bach, and played clumsily, over and over again, the first fugue from Book One» (1990, 23). Si bien los preludios del *Clave bien temperado* son partituras relativamente sencillas de aprender, las fugas requieren una mayor experiencia. Aun así, la Sra. Curren continúa con la música y explica: «the sound was muddy, blurred, but every now and again, for a few bars, the real thing emerged, the real music, the music that does not die, confident, serene» (1990, 24). Defiende Gillian Dooley que esta música de Bach no solo acompaña a la protagonista, sino que mientras la toca, se imagina el cielo como un lugar acogedor donde se escucha *El arte de la fuga* de Bach y esto la ayuda a enfrentarse a su inminente muerte (2020, 28)[21]: «I imagine heaven as a hotel lobby with a high ceiling and the Art of Fugue coming softly over the public address system» (1990, 22). Más adelante en la novela, la Sra. Curren le escribe a su hija que la música que llevará consigo tras su muerte será de este mismo compositor: «But the music I will take with me, that at least, for it is wound into my soul. The ariosos from the Matthew Passion, wound in and knotted a thousand times, so that no one, nothing can undo them» (1990, 119).

---

[21]   Vale la pena recordar que Coetzee menciona esta obra como ejemplo de estilo tardío de Bach en una de sus cartas a Auster, como hemos mencionado al comienzo de este capítulo.

Por otra parte, el Señor C[22], distinguido escritor de *Diary of a Bad Year*, ventila sus opiniones sobre diferentes asuntos, incluido este hermoso pensamiento sobre la música de Bach:

> The best proof that life is good, and therefore that there may be perhaps a God after all, who has our welfare at heart, is that to each of us, on the day we are born, comes the music of Johann Sebastian Bach. It comes as a gift, unearned, unmerited, for free. (2007, 221)

En el maestro y director de la academia Juan Sebastián Arroyo, Coetzee personifica la pasión por la espiritualidad; el músico es un experto en numerología, disciplina que él y Ana Magdalena enseñan a los niños en su escuela. La numerología está asociada a la astrología y artes adivinatorias similares. Es la creencia en la relación divina y mística entre números (también nombres) y acontecimientos coincidentes. La relación entre los nombres y los números ya se había establecido en *The Childhood*: «You know how the system works. The names we use are the names we were given there, but we might just as well have been given numbers. Numbers, names – they are equally arbitrary, equally unimportant» (2013, 274). Lo cierto es que la importancia de los nombres y de nombrar es evidente en todas las novelas de Coetzee. De hecho, en una de sus cartas a Auster, Coetzee expresa que: «your name is your destiny» (2014, 79). Bach es conocido por haber sido un devoto luterano y por haber intentado dar a la palabra de Dios una profundidad desconocida hasta entonces. Creía que la razón de la música debía ser vanagloriar a Dios; sus composiciones son probablemente las más interpretadas en los rituales religiosos de la cultura occidental. También se considera que era seguidor de la numerología y que creía en los valores místicos de los números. Además de otros compositores barrocos, se cree que utilizaba números en lugar de letras y los incorporaba para transmitir mensajes ocultos en sus obras musicales[23]. En *The Schooldays*, Arroyo y Ana Magdalena distinguen entre lo que llaman «ant numbers» (2016, 69) —números del mundo sensible de la experiencia— y otro tipo de números, aquellos que pueden acercarnos a nuestro verdadero yo, y que pueden ser interpretados como un guiño al mundo de las formas de Platón.

La Academia de Danza en la que está inscrito David se adapta perfectamente al niño y el niño a la academia porque disfruta de sus enseñanzas poco convencionales; de hecho, los estudiantes aprenden bailando. Por ejemplo, para comprender los números, los bailan y se conectan así con el universo[24]. Se trata, cuanto menos, de una

---

[22]   No se utiliza, en este caso, la abreviatura porque así aparece el nombre en español en *Diary of a Bad Year*.

[23]   Por ejemplo, Bach estaba obsesionado con el número 14, que aparece a modo de firma en toda su obra. La razón parece ser que, si cambiamos las letras de su apellido por números teniendo en cuenta su lugar en el alfabeto, BACH se traduciría como 2+1+3+8= 14.

[24]   Aunque el propósito de este capítulo no sea indagar en este tema, parece llamativo que este tipo de enseñanzas se den en las escuelas Waldorf (la primera de ellas se encuentra en Stuttgart, Alemania). Una de sus asignaturas obligatorias, la Euritmia, enseña a su alumnado a bailar sus nombres.

metodología de enseñanza muy alternativa, pero lo cierto es que la conexión entre los números, las estrellas y la música es muy antigua. Tanto que se remonta a Pitágoras, quien creía que las esferas del universo producen música en función de las órbitas que dibujan (Hermann 2004, 101), aunque esto sea imperceptible para el oído humano. Esta idea pitagórica de que los planetas, al desplazarse por el espacio, generan una armonía celeste de profunda belleza, conocida como la armonía de las esferas, también se menciona en *La República* de Platón y fue posteriormente respaldada por muchos humanistas del Renacimiento[25].

En *The Schooldays*, Coetzee presenta al lector, a través del personaje de David, algunas de las ideas de Pitágoras, considerado el fundador de la numerología (Hermann 2004, 107). Se le atribuyen muchos descubrimientos científicos, incluidos avances en los campos de la música y la astronomía. Probablemente no sea una coincidencia que David, al igual que Pitágoras, crea en la reencarnación. El niño insiste una y otra vez en que existen mundos diferentes: «I can remember the time before I was on the boat» (2016, 17), y lo cierto es que recuerda una parte del poema «Der Erlkönig» (1782) de Goethe[26], que recita en alemán. Incluso se le ocurre una idea para ir y venir entre ellos que evoca el mito griego de Teseo y el Minotauro:

> I found a way of coming back from the new life. Shall I tell you? It's brilliant. You tie a rope to a tree, a long, long rope, then when you get to the next life you tie the other end of the rope to a tree, another tree. Then when you want to come back from the next life you just hold on to the rope. Like the man in the *larebinto*[27]. (2016, 206)

Pitágoras defendía que sabía quién había sido exactamente en sus vidas pasadas (Ferguson 2008, 51). David encarna esta idea cuando Arroyo le dice a Simón: «What he remembers I cannot say but it includes what he believes to be his name» (2016, 215). Los pitagóricos elaboraron una teoría de los números, cuyo significado exacto se debate aún entre los estudiosos. Pitágoras también creó una escuela filosófica en Crotona, donde adquirió bastante importancia y se le atribuyeron algunos milagros[28]. Según Russell, esta escuela representa la corriente principal de una tradición mística que hemos contrapuesto a la tendencia científica (1972, 32). Este centro educativo promovía prácticas ascéticas (muchas de las cuales tenían un significado simbólico), diversas teorías religiosas y el vegetarianismo (de Vogel 1966, 177). En ella se producían y cantaban canciones, a las

---

[25]   Aparece, por ejemplo, en *The Merchant of Venice* (1600) de Shakespeare, cuando Lorenzo explica a su esposa, Jessica, que las esferas del universo son el origen de la música celestial que solo pueden oír los querubines.

[26]   No es casualidad que en el poema se describa la infructuosa lucha de un padre por salvar la vida de su hijo, que es raptado por la muerte, dado que este será uno de los temas de la tercera novela de la trilogía.

[27]   Esta palabra aparece escrita erróneamente en el original en la versión en inglés, seguramente para recordarnos que aún están aprendiendo el castellano.

[28]   Algunos de estos milagros son los mismos que lleva a cabo Jesús en la Biblia.

que se les atribuía la capacidad de hacer evolucionar el alma hacia pasiones positivas e incluso de curarlas: «It was Pythagoras' opinion that certain rhythms and melodies had a healing effect on the human character and emotions: it restores the soul's strength to its original balance [...]. Dancing was also used as a therapy» (de Vogel 1966, 164-165).

Los pitagóricos ejercieron una importante influencia en la obra de Platón y otros filósofos; por ejemplo, Sócrates creía que la música era un don que aporta armonía a nuestras almas y que un verdadero músico es alguien que armoniza su personalidad y su vida (Pelosi 2010, 185). La república platónica podría estar relacionada con la idea de una comunidad organizada de pensadores afines[29], como la establecida por Pitágoras en Crotona. No solo hay pruebas de que Platón tomó de Pitágoras la idea de que las matemáticas, sino que, además, Platón y Pitágoras compartían un enfoque espiritual del alma y su lugar en el mundo material. En *Las Leyes,* el diálogo más largo de Platón, el filósofo griego exalta los méritos de una educación musical, que representa un ejercicio expresivo en el que se puede aprender a amar las cosas bellas. También trata de lo que Platón llama «the 'magical' power of *mousike*» (Pelosi 2010, 26), es decir, de la influencia de la música en nuestro carácter.

La idea que trasciende de las enseñanzas de la Academia de Danza es que los niños forman parte del universo y se les puede enseñar a comunicarse con él, en lugar de limitarse a memorizar ideas de los libros. Se trata probablemente de un guiño a Platón, quien sostenía que: «education should not be thought of in terms of putting something into another person, but rather as turning the whole soul around» (Lear 2010, 74). Al mismo tiempo, el vocabulario de *The Schooldays* se asocia tradicionalmente con el mundo espiritual: los conceptos relacionados con el alma[30], tales como belleza, bondad, buena voluntad, estrellas, gracia, gratitud, magia y universo, pertenecen a este campo semántico. El señor Arroyo lo hace explícito cuando, tratando de explicar su filosofía de enseñanza, cita en español un verso de Rafael Alberti: «Las estrellas errantes, niños que ignoran la aritmética» (2016, 97)[31]. Así, la aritmética simboliza el pensamiento racional, en lo que de nuevo se presenta como una crítica a los sistemas educativos autoritarios.

Simón (al igual que Inés, aunque en realidad ella nunca lo exprese explícitamente) es bastante crítico con la metodología de enseñanza y los contenidos ofrecidos en la academia. Por ello reflexiona: «Dancing to the stars as a substitute for learning one's multiplication tables – is not different in nature from what is offered by the lotion that miraculously brings hair follicles back to life» (2016, 66). Aunque se considera una persona

---

[29]   En *La República*, Platón imagina a los futuros guardianes, aquellos que pueden captar las formas y gobernar, expuestos a la música desde pequeños para que adquieran importantes hábitos morales. En la novela de Coetzee, parte del alumnado que actúa en la velada de los padres viste una toga blanca que deja un hombro al descubierto y les recuerda.

[30]   Uno de los nombres de las hermanas es Alma (también en español en la versión en inglés).

[31]   Verso de su poema «Los ángeles colegiales».

sensata y desea ofrecer al niño una explicación lógica y racional del mundo, es también un escéptico que se cuestiona a sí mismo, de modo que al final se pregunta: «Are the needs of a child's soul better served by his dry little homilies than by the fantastic fare offered at the Academy?» (2016, 207).

Por otra parte, Dimitriu señala que Platón presentaba su ideal de armonía humana en el equilibrio de los tres aspectos del alma: razón, espíritu y apetito, y que en *The Schooldays* existen como entidades separadas (2018, 56). Mientras Simón representa la razón y David el espíritu, hay un tercer personaje que puede interpretarse como el apetito y el deseo. En efecto, la pasión y sus consecuencias también desempeñan un papel crucial en la segunda novela de la trilogía. Estrella parece regirse, como Novilla, por la supuesta buena voluntad de sus habitantes. La página de sucesos del periódico local relata el robo de un cortacésped de un cobertizo abierto —no se puede publicar nada de más envergadura—, pero aparece un nuevo elemento que perturba la paz del municipio, un personaje despreciable llamado Dmitri. Se trata de un trabajador del museo de arte contiguo a la academia y de un hombre evidentemente encaprichado —se podría decir obsesionado— con Ana Magdalena. Representado como un antihéroe, desde la perspectiva de Simón, siempre está desaliñado, huele a cigarrillos y tiene los dientes amarillentos. Simón lo considera un mal modelo para los niños: «This man doesn't shave, doesn't wash, he doesn't wear clean clothes. He is not a good example to children» (2016, 47). Cree que carece de cualidades interiores nobles, del tipo de las que uno encontraría y se exaltan en *Don Quijote*, cuyo protagonista homónimo es honesto, fiel a causas nobles y personifica la cortesía. Además, no es casualidad que Dmitri tenga un nombre ruso. Es seguramente un guiño a la definición de culpa de Dostoyevski y un personaje muy similar con el mismo nombre aparece en *Los hermanos Karamazov* (1880), una novela filosófica sobre la fe, la duda y la razón, que está repleta de debates éticos sobre la moralidad y la existencia de Dios[32].

Una posible interpretación es que el triángulo formado por Simón, David y Dmitri sean un ejemplo, como menciona Dimitriu, de «traits that could constitute a perfect human being: a mix of reason, imagination and daring» (2018, 56). Pero también cabe señalar que Dmitri puede interpretarse como el *doppelgänger* de Simón, dado que ambos representan visiones opuestas del mundo, y la influencia que ejercen sobre el muchacho es un tema importante en la novela. La caracterización de Simón lo presenta como un hombre de cierta inteligencia y capacidad racional. Asiste a clases de filosofía y elabora complejas teorías sobre el funcionamiento del mundo. En cambio, Dmitri se define a sí mismo con las siguientes palabras: «When it comes to life's great choices, I follow

---

[32]   Sabemos que Coetzee ha leído esta novela porque el Señor C le dedica algunos de sus pensamientos en *Diary of a Bad Year*: «I read again last night the fifth chapter of the second part of *The Brothers Karamazov*, the chapter in which Ivan hands back his ticket of admission to the universe God has created, and found myself sobbing uncontrollably» (2007, 223).

my *heart*» (2016, 119, cursiva nuestra). Del mismo modo, el Dmitri que Dostoyevski retrata en su novela representa el principio del sentimiento, la sensualidad y la inspiración de Eros (Mochulsky 1981,16). Sin embargo, para su propio descontento, el escéptico y racional Simón reconoce en Dmitri un modelo de pasión por el que, de alguna manera y muy a su pesar, también se siente atraído. David, que ha logrado ser feliz en la academia, establece un fuerte vínculo con la bella Ana Magdalena, pero también queda hipnotizado por el grandilocuente Dmitri. Según Adam Kirsch, esto es un guiño a Dostoyesvki, quien estaba convencido de que los grandes pecadores estaban más cerca de Dios que la gente respetable (2020). Cuando Ana Magdalena desaparece, Dmitri confiesa a las autoridades que la ha violado y estrangulado. Desgraciadamente, es el chico quien encuentra su cadáver magullado en el museo. Con la irrupción de la pasión exacerbada, Estrella se convierte, de repente, en un lugar siniestro.

Simón y Dmitri representan asimismo dos masculinidades y ejemplos de paternidad diferentes. Simón, que había insistido repetidamente en que el niño no era realmente ni su hijo ni su nieto en *The Childhood*, reclama su paternidad por primera vez cuando habla con Dmitri sobre las revistas pornográficas que este guarda y le muestra: «I want you to stop inviting David, *my child*, the child for whose welfare I am responsible, into your room and showing him dirty pictures» (2016, 120, cursiva nuestra). Como argumenta Dimitriu, *The Schooldays* se centra en el papel de Simón como padre de un niño inusual (2018, 56), pero, al mismo tiempo, existen varios ejemplos en los que el envilecido Dmitri finge ser el padre del niño y trata de tomar el control de su vida. Por ejemplo, intenta constantemente convencer a David de que los dos podrían vivir juntos con Ana Magdalena como una familia en otra vida una vez hayan fallecido, y el chico cree en esta posibilidad. Cuando quiere escapar del psiquiátrico en el que ha sido recluido tras el crimen, Dmitri se atavía con un uniforme, coge la mano de David (que está allí para visitarle sin permiso)[33], dice ser su padre y, sorprendentemente, consigue fugarse. Una vez fuera, usurpa el apartamento de Simón, donde parece sentirse como en su casa: duerme en su cama, se viste con su ropa y le dice al niño: «Do you have anything to eat, *my boy*?» (2016, 169, cursiva nuestra) y «Never mind, *my son*» (2016, 169, cursiva nuestra). La buena relación entre Dmitri y David se hace tan evidente que Simón teme perder toda influencia sobre el niño, que se siente atraído por Dmitri, quien obviamente representa una figura paterna más atractiva. El racional Simón le explica a David que el apasionado Dmitri es, en realidad, incapaz de amar de verdad. Bajo la tutela de Dmitri, el niño se vuelve inquieto, insensible, irascible e incluso tiránico, al menos en opinión de Simón.

En este sentido, las visiones del mundo de Simón y David son irreconciliables. Simón desea desentrañar el mundo para David y dar respuesta a sus interminables

---

[33]   De nuevo, sorprende que un niño pueda entrar en una institución mental sin estar acompañado de ningún adulto.

preguntas, pero sus explicaciones nunca satisfacen realmente al chico. Su perspectiva adulta es demasiado filosófica y en ocasiones contradictoria. Por ejemplo, al hablar del dinero, Simón dice: «There is no such a thing as a lot of money in itself» (2016, 50). A esto hay que añadir que representa cierto conservadurismo. Cuando David le pregunta por qué él e Inés no tienen un hijo, él responde: «Sexual intercourse is for married people. Inés and I aren't married» (2016, 17). Por otra parte, Simón no escucha al niño y ofrece a los lectores una versión limitada de la historia[34]. Aunque el lector se encuentra con un narrador en tercera persona, toda la historia se focaliza a través de Simón y está claro que se presenta desde su perspectiva; es a su conciencia y a sus experiencias a las que tenemos acceso. David insiste en que sabe quién es y que otros personajes, como Arroyo, lo reconocen; Arroyo incluso informa a Simón que David siente con intensidad la falsedad de su nueva vida, pero Simón niega constantemente que así sea. Le dice al niño: «Like everyone else who came on the boats, you can't remember» (2016, 18).

Mientras que David se caracteriza por ser un idealista, Simón representa la voz del realista práctico en su relación con el niño. Explica que David «believes he has powers he does not really have» (2016, 73). Al mismo tiempo, el niño encarna la exploración de la naturaleza de la verdad, la justicia y la virtud, y lo hace con la inocencia que solo se consigue si se mira a través de las lentes de la irracionalidad y la fantasía. Por ejemplo, cuando el niño pregunta por qué comemos animales, Simón explica que los animales se alegran de morir por nosotros para que podamos crecer y estar sanos; entonces, el niño pregunta por qué no comemos a otros seres humanos. La respuesta de Simón es que no lo hacemos «because it is disgusting» (2016, 77), pero, por supuesto, para un vegetariano, como Coetzee, esta también es razón suficiente para no alimentarnos de animales. David representa la lucha por sobrevivir en un mundo de racionalidad con las suposiciones de un niño, un mundo que Simón, realista supremo, cree comprender mejor e impone en él[35].

Existe, sin embargo, una tensión más evidente en sus debates. Las novelas de Coetzee muestran una profunda ambivalencia hacia el racionalismo; tomando prestadas las palabras de la Academia Sueca cuando le concedió el Premio Nobel de Literatura, sus historias

---

[34]   Por ejemplo, en la única lección que David tiene con el señor Robles, el maestro intenta que aprenda lo que los Arroyo llaman los «ant numbers» (2016, 69), números que utilizamos para contar cosas en la vida cotidiana, pero que no tienen en cuenta la individualidad. David, no queriendo cumplir con este requisito, le muestra a Simón que puede sumar y restar números con bastante facilidad para un niño de su edad e incluso reflexiona que, a la manera del señor Robles, «you first have to make yourself small. You have to make yourself as small as a pea, and then as small as a pea inside a pea, and then a pea inside a pea inside a pea» (2016, 32). Sin embargo, Simón se siente decepcionado con él y más tarde le hace un regalo al profesor.

[35]   Otra interpretación, elaborada por Marc Farrant (2020), es que Simón y David «constitute the twin sides of Coetzee's own authorship», dado que Simón recuerda los orígenes de Coetzee como programador informático en Reino Unido y David sigue el espíritu de la irracional Elizabeth Costello y de muchos otros personajes coetzianos que se guían por los dictados del corazón.

examinan a menudo la crueldad del racionalismo y la hipocresía moral de nuestra civilización occidental. Por ejemplo, existe una crítica implícita a la racionalidad en la censura de las estructuras económicas y sociales que hacen posible la matanza de millones de animales para el consumo humano, como sostiene Elizabeth Costello en su novela homónima. Además, varios de sus personajes —por ejemplo, Eugene Dawn en «The Vietnam Project» (1974), el Magistrado en *Waiting for the Barbarians* (1980) y Paul Rayment en *Slow Man* (2005)— ofrecen una crítica al yo cartesiano individualista e insensible, y muestran distintas formas de sufrimiento y desintegración psicológicos. En *The Schooldays*, Coetzee crea un protagonista y narrador, Simón, lo caracteriza como máxima expresión del pensamiento racional, y muestra las consecuencias de sus intentos de ejercer su influencia en un mundo simbólico lleno de misticismo y espiritualidad. Mientras intenta explicar el mundo en términos racionales, David se aferra a su universo de fantasía y no está dispuesto a aceptar las respuestas de su padre adoptivo como verdades universales. Sus explicaciones sobre el mundo fracasan por varios motivos: evidentemente, lo hacen porque él, como figura paterna, intenta imponer su lenguaje de adulto y su mundo imaginario al niño, pero también porque este nunca se conforma con una respuesta sencilla, de modo que cada explicación desencadena la siguiente pregunta más compleja y ninguna respuesta llega a revelar realmente una verdad hermenéutica que pueda resultar completa.

A pesar de los esfuerzos de Simón por comunicarse con el niño, su angustia ante el desarrollo de su relación se hace evidente en los trabajos escritos que elabora para una clase de escritura a la que asiste, pero también en sus conversaciones con Arroyo y en las cartas que piensa enviarle al niño. Sin embargo, Ana Magdalena ya le había dado a Simón una idea muy importante en una reunión de padres, donde le explicó que los niños carecen de palabras para expresar su vida anterior, pero pueden recurrir a los números y al baile para expresarse:

> Of our former existence certain remnants persist: not memories in the usual sense of the word, but what we call shadows of memories [...]. The child however, the young child, still bears deep impresses of a former life, shadow recollections which he lacks words to express. He lacks words because, along with the world we have lost, we have lost a language fit to evoke it. All that is left of that primal language is a handful of words, what I call transcendental words, among which the names of numbers, *uno, dos, tres*, are foremost. (2016, 67-68)

La danza es también un tema relevante en *Foe*. Su protagonista, Susan, narra que el desempoderado Friday baila cuando descubre las togas de Foe, el escritor en cuya casa residen ellos dos durante algún tiempo, y que lo hace en el espacio que alumbra el sol a través de una ventana de la cocina. En ese baile, Friday parece desconectar del mundo:

> If the sun is shining he does his dance in a patch of sunlight, holding out his arms and spinning in a circle, his eyes shut, hour after hour, never growing fatigued or dizzy. In the afternoon he removes himself to the drawing room, where the window faces west, and does his dancing there.

> In the grip of the dancing he is not himself. He is beyond human reach. I call his name and am ignored, I put out a hand and am brushed aside. All the while he dances he makes a humming noise in his throat, deeper than his usual voice; sometimes he seems to be singing. (1986, 92)

Aunque Susan no lo entiende, en otro pasaje del relato, la lluvia empapa sus ropas y ella decide bailar para intentar que se sequen al aire y guardar algo de calor. Siente cómo el baile la trasporta mentalmente a otro lugar y lo disfruta plenamente:

> I fell, I believe, into a kind of trance; for when next I knew, I was standing still, breathing heavily, with somewhere at my mind's edge intimation that I had been far away, that I had wondrous sights. Where am I? I asked myself [...]. And in that same instant I understood why Friday had danced all day in your house: it was to remove himself, or his spirit, from Newington and England, and from me too. (1986, 103-104)

Mediante la puesta en práctica de este baile, Susan experimenta cierta comunicación con universo (quizás de una forma parecida a como lo hace David gracias a las enseñanzas de la academia), pero la danza le sirve también para comunicarse con Friday y concluye: «As long as we two are cast in each other's company, I thought, perhaps it is best that we dance and spin and transport ourselves» (1986, 104).

En *The Schooldays*, según Simón, David nunca le ha permitido verle bailar porque el chico siente, metafóricamente, que su padre sustituto es hostil a esa conexión mística entre la danza y el universo. Sin embargo, cuando Simón escucha la música que toca Arroyo en la velada de padres, «he falls into a mild trance» (2016, 70)[36]. Buscando respuestas, visita la academia y encuentra a Arroyo componiendo. Se detiene a escuchar y finalmente se entrega la música —se libera de su pensamiento puramente racional— y se cuestiona los límites de su propio yo; de ahí que su alma comience a danzar:

> He gives himself to the music, allowing it to enter and wash through him. And the music, as if aware of what is up, loses its stop-start character, begins to flow. At the very rim of consciousness, the soul, which is indeed like a little bird, emerges and shakes its wings and begins its dance. (2016, 194)

Cuando David baila por última vez en *The Schooldays*, el racional Simón es capaz de ver que el niño se convierte en «pure light» (2016, 246) y, por fin, comienza a entender, tímidamente, la magia de la música. En el último capítulo, decide tomar clases de danza, se compra unas zapatillas doradas y baila la música de Arroyo. Mientras hace equilibrios, toma conciencia del «space above his head» (2016, 260) y la primera estrella comienza a surgir del horizonte. En este esfuerzo por comunicarse con David, un alma pura, y a través del impacto que la música tiene en él, ha reconocido, al menos parcialmente, los límites de la razón como herramienta para dar sentido a su vida.

---

[36]   Nótese que se utiliza de nuevo la conexión entre la danza y la palabra *trance*.

Simón experimenta, por fin, el poder mágico de la *mousike* (etimológicamente, el arte de las musas); ha aprendido que la razón, en su forma no adulterada, no basta para comprender el mundo.

3. CIERRE DE LA TRILOGÍA

La tercera de las novelas, y la más corta de las tres, recupera la importancia de la danza de varias maneras. Por ejemplo, narra que Simón se abandona al baile por las noches cuando está solo en casa, aunque carezca de todo talento, «hasta que queda con la mente en blanco» (2019, 14); a veces incluso logra la visión de aquello sobre lo que Ana Magdalena predicaba: «incontables esferas plateadas que rotan una alrededor de la otra con un murmullo ultraterrenal en un espacio sin fin» (2019, 15). *La muerte de Jesús* retoma asimismo las ideas sobre la singularidad y espiritualidad de David, que ya ha cumplido los diez años, y sus constantes discrepancias con Simón. Por una parte, según Alyosha[37] (un empleado de la academia), David puede lanzar una moneda al aire y hacer que esta caiga siembre con la cara hacia arriba, sin excepción. También le dice que cuando jugaba a los dados con Dmitri, «podía tirar un doble seis cuando quería» (2019, 149), es decir, enfatiza su conexión con la magia. Por otra, el niño se ha convertido en un virtuoso de la danza: «no hay nadie en la institución que pueda enseñarle nada a David» (14 ,2019). Tanto es así que cuando él baila «el resto de los alumnos siguen sus pasos o, si no pueden, se quedan mirando» (2019, 14).

La muerte de Jesús comienza con un amistoso partido de fútbol en el que David participa. Esto sirve como excusa para introducir a un nuevo personaje, el Dr. Julio Fabricante —director de un orfanato local llamado Las Manos—, que observa el partido con entusiasmo y se presenta a Simón como educador. Cuando David pregunta qué significa *educador*, su padre le contesta: «Es una palabra presuntuosa para decir maestro» (2019, 6). Lo cierto es que Simón siente cierta antipatía por el Dr. Fabricante desde el primer momento en el que entabla conversación con él. Una vez David lo conoce y toma contacto con algunos de los huérfanos del orfanato, decide marcharse a vivir con ellos, una decisión que sus padres no entienden —para la mayoría de los lectores es también incomprensible no solo este deseo, sino que nadie parezca poder impedirlo—. De esta manera, el Dr. Fabricante logra reclutar a David —un jugador excepcional— para el equipo de fútbol de la institución. Cuando Simón intenta hacerle entrar en razón, David establece un paralelismo entre su antipatía por Dmitri y el Dr. Fabricante: «Tampoco te gustaba Dmitri y ahora no te gusta el Dr. Julio. ¡No te gusta nadie que tenga un *gran corazón*! (2019, 41, cursiva nuestra), y cuando trata de entender los motivos que impulsan

---

[37] Alyosha es el hermano de Dmitri en *Los hermanos Karamazov*, un personaje noble que parece haber sido inspirado por el hijo homónimo de Dostoyevski que falleció a los tres años.

al niño a mudarse, este exclama: «No tengo razones y no lo sigo. No tengo razones para nada. Tú eres el que tiene *razones*» (41 ,2019, cursiva nuestra).

Una vez el niño abandona su hogar, Simón danza más a menudo y piensa: «Hacerlo lo lleva a un agradable estado de ausencia mental y, cuando se cansa, puede dormir. 'Bueno para el corazón, bueno para el alma —se dice mientras se hunde en la oscuridad—. Sin duda, mejor que beber'» (2019, 45). Sin embargo, David enferma misteriosamente y desde Las Manos llaman a Simón para que vaya a recogerlo. Esto también resulta incongruente, puesto que, en el momento de su enfermedad, no solo se desentienden del menor, sino que la institución lo acogió negando la existencia de sus tutores y es a ellos a quienes llaman en caso de necesidad. El niño parece haber reflexionado sobre su papel en este centro —una institución benéfica de dudosa reputación— e incluso menciona: «El doctor Julio no cree que yo sea realmente huérfano. Solo me quiere en el orfanato para jugar al fútbol» (2019, 55). A la mañana siguiente, Simón e Inés acuden con David a la consulta de un pediatra, quien decide ingresarlo en el hospital para hacerle algunas pruebas. Una vez en su habitación, lo primero que pide David es que le traigan su ejemplar de *Don Quijote* y que avisen a Dmitri de que quiere que vaya a visitarlo, algo a lo que Simón e Inés se oponen rotundamente. Lo cierto es que Dmitri reaparece —oportunamente— como celador del hospital donde trabaja algunas horas al día, mientras que supuestamente pasa el resto del tiempo recluido en un psiquiátrico cumpliendo su pena por la violación y el asesinato de Ana Magdalena. Aunque nadie lo ha avisado, él se presenta en la habitación porque, según David: «él oía como yo lo llamaba. Me dijo que mi voz sonaba como una radio en su cabeza y pedía que viniera» (2019, 71). De nuevo, nos encontramos ante la animadversión de Simón por Dmitri, antítesis de la razón que Simón representa. De hecho, está convencido de que lo ridiculiza a sus espaldas porque «es el hombre de razón, cuyas pasiones están bajo control» (2019, 98). Tanto Inés como él tratan de alejarlo de su hijo de diferentes maneras, pero (esto también es sorprendente) no son capaces de lograrlo.

En el hospital, David se convierte en centro de atención de la comunidad de huérfanos que acuden a visitarlo y lo idolatran sin reservas. Durante esas semanas, narra pasajes imaginarios de *Don Quijote* a toda aquella persona que quiera escucharlo[38] y cuenta cómo será en su próxima vida: «cuando esté en la próxima vida, ya no seré ese niño, y no seré amigo de Dmitri. Voy a ser maestro y voy a llevar barba» (2019, 100-101). Le pregunta a Simón cómo es morirse y se da a sí mismo la siguiente respuesta, que enlaza con su llegada al nuevo mundo en *The Childhood*:

---

[38] Una de esas historias versa sobre la decisión que toma el andante caballero al escoger un caballo negro y dejar partir uno blanco (ambos tiran de un carro en el que él se desplaza). Según B. D. McClay (2020), es esta otra imagen platónica, en este caso de su diálogo *Fedro*; el caballo blanco simboliza la razón, el negro la pasión.

Como yo me lo imagino, uno está tendido mirando el azul el cielo y se siente cada vez más amodorrado. Después, sobreviene una gran paz. Cierras los ojos y partes. Al despertar, estás en un barco que cruza el océano; sientes el viento en la cara y oyes el chillido de las gaviotas alrededor. Todo parece limpio y nuevo. Como si acabaras de nacer en ese preciso instante. No recuerdas el pasado ni el hecho de morir. (2019, 103)

David está convencido de que fallecerá en poco tiempo, algo que no parece tener sentido: el médico siempre les dice tanto a Simón como a Inés que el niño va a curarse y que su vida está fuera de todo peligro. A pesar de los informes y de las atenciones del personal sanitario, que está caracterizado por su incompetencia —nunca llevan a cabo la terapia que proponen ni tampoco la sangre que quieren transferirle llega al hospital—, David fallece sin que nadie pueda impedirlo[39]. Como ocurrió con Michael K y su madre hospitalizada en *Life & Times of Michael K*, nadie informa a Simón ni a Inés de que el niño ha muerto. Su cuerpo es velado por Dmitri y entregado al orfanato, donde le dan sepultura sin permitir que los padres participen.

Los estudiantes de la Academia de Danza se reúnen para homenajear a David y Arroyo declara que:

Tuve el privilegio de contarme entre sus discípulos. En las sesiones que compartíamos, yo me dedicaba a la música y él a la danza, pero, en realidad, cuando él comenzaba a moverse, la danza se hacía música, y la música, danza. La danza emanaba de él y fluía por mis manos y mis dedos; también por mi espíritu. Yo era el instrumento que él tocaba. (2019, 147)

Alyosha se lamenta de que Las Manos se haya apoderado de la figura de David, dado que, dice él, el niño era la personificación de la danza y estaba tan vinculado a la academia. Simón le responde que esa danza era, en realidad, un lenguaje propio: «David traducía todo en danza. La danza era la llave maestra o el lenguaje maestro, salvo que no era el lenguaje en el sentido habitual, con una gramática y un vocabulario y todas esas cosas, que uno pudiera aprender en un libro» (2019, 170). Esto resulta especialmente relevante, puesto que las novelas coetzianas critican la capacidad del lenguaje articulado para comunicar de diferentes maneras, como hemos analizado a propósito de *Disgrace*.

A esta reunión, a la que asiste la comunidad educativa de la academia, se unen, sin haber sido invitados, el Dr. Fabricante, María Prudencia —una de las jóvenes que visitó a David en el hospital— y otros cien huérfanos que irrumpen en la sala. Cuatro de ellos portan un ataúd y lo depositan en el escenario. María informa a los presentes: «Declaramos que este es el ataúd de David y, como pueden ver, está vacío. ¿Qué nos dice eso? Nos dice que él no se ha ido, que está presente entre nosotros» (2019, 148)[40]. Tras pronunciar estas palabras, abandonan la academia.

---

[39] Es fácil relacionar su muerte con la de Jesucristo, especialmente porque Dmitri insiste en que su cuerpo desapareció del mortuorio y que David sigue vivo.

[40] Es evidente la conexión con la resurrección de Jesucristo que se narra en el Nuevo Testamento.

Según Knott (2020), en *La muerte de Jesús* prevalece la convicción de que solo los niños son seres humanos completos (porque aún no han sido deformados por la sociedad). Cuando el niño muere, algunos de los huérfanos que lo habían visitado en el hospital y escuchado sus interpretaciones de *Don Quijote* forman bandas y se convierten en insurgentes:

> Entre ellos hay bandas que van de una tienda a otra volcando las vitrinas y arengando a los comerciantes por cobrar mucho. A gritos, reclaman "¡Precios justos!". En una tienda de mascotas, abrieron las jaulas y dejaron a los animales en libertad: perros, gatos, conejos, serpientes, tortugas. También a los pájaros. Solo quedaron los peces de colores. Hubo que llamar a la policía. (2019, 168-169)

A comienzo de nuestra interpretación de *The Childhood*, describimos la sociedad que presenta la novela como aquella en la que parece reinar la buena voluntad de sus habitantes. Sin embargo, una vez nos adentramos en los argumentos de la trilogía, aunque esta parece saciar los deseos más básicos, observamos que se trata de una sociedad que encierra rígidas estructuras de poder y andamiajes ineficaces donde las personas no pueden ser felices. De esto dan fe las constantes preguntas de Simón y sus reflexiones, pero también el deseo del señor Robles, profesor voluntario de matemáticas, de que David se *someta* a sus enseñanzas y su diagnóstico de que el niño tiene un trastorno cognitivo, a pesar de que él carece de toda formación didáctica y tampoco es pedagogo especializado en dificultades de aprendizaje; la ineficacia del personal sanitario que no trata a David en el hospital; la incompetencia de la administración judicial que permite que un asesino confeso trabaje de celador en un hospital mientras cumple su pena; la deshumanización del personal administrativo que no informa a los padres de David de su muerte ni les permite reclamar su cuerpo; el interés del director de un orfanato que debería velar por los derechos de los menores y que, sin embargo, arrebata a David a sus padres sustitutos para incluirlo como jugador en su equipo de fútbol. Todo esto ocurre ante el asombro del razonable Simón sin que pueda impedirlo de ninguna manera y la perplejidad y confusión de los lectores.

En contraposición, David se rebela ante algunos de los mandatos de la sociedad. Por ejemplo, se niega a ser adoctrinado en su aprendizaje de las matemáticas, aprende a leer gracias a una edición ilustrada de *Don Quijote* —rechaza iniciar otras lecturas— y trata de comprender el mundo, a través de la danza, más allá de las explicaciones racionales. Alyosha le explica a Simón que el niño se ha convertido en un líder para otros jóvenes porque no se sometió a los dictados de esta sociedad:

> Mírelo a través de los ojos de ellos, Simón, a través de los ojos de los niños que han vivido siempre en una institución, *sometidos* a su régimen, que apenas han tenido acceso al mundo en general. De pronto, aparece entre ellos un niño con ideas extrañas e historias fantásticas, un niño que no ha ido nunca a la escuela, que nadie ha *subyugado*, que no teme a nadie y menos que nadie a sus maestros, que es bello como una muchacha y tiene, sin embargo, dotes para el fútbol, un niño que cae entre ellos como una aparición y que

luego, antes de que se acostumbren a él, es presa de una enfermedad misteriosa. Un niño que luego les es arrebatado y que jamás vuelve al orfanato. (2019, 169, cursivas nuestras)

Algunos de ellos incluso defienden que, tras su muerte, «han tenido visiones místicas en las que se les aparece David y les explica sus mandatos» (2019, 169). En este sentido, vale la pena recordar la relación de David con la comida. En *The Childhood*, Simón explica en varias ocasiones que el niño tiene hambre, pero esto no parece importarle a ninguno de sus interlocutores. A su llegada a Novilla, informa a la administrativa del Centro de Reubicación que David necesita una comida en condiciones:

'May I raise a different matter? My boy'–he glances at the child 'is not well. Partly because he is upset, confused and upset, and hasn't been eating properly: he found food in the camp strange, didn't like it. Is there anywhere we can get a proper meal?'
'How old is he?' (2013, 2)

Sorprendentemente, esta joven, que parece ocuparse de todas sus necesidades más básicas, no responde a esta pregunta. Más adelante, tras comprobar que no pueden entrar en la habitación que les ha asignado, otra empleada del Centro de Reubicación les ofrece dormir en su casa, pero lo que pone a su disposición es un jardín trasero donde almacena material de construcción para que pernocten a la intemperie. Cuando Simón decide declinar su oferta y buscar otro lugar donde dormir, comprueba que la puerta del jardín está cerrada con llave. Aunque golpea la puerta insistentemente, la dueña de la casa desoye su petición de que la abra. Les ha dado cuatro rebanadas de pan con margarina, exactamente lo mismo que comieron para desayunar, pero el niño no las prueba: «'I'm hungry,' says the boy.' 'You haven't eaten your bread.' 'I don't like bread'» (2013, 7).

Esta negativa a ingerir prácticamente el único alimento que se pone a disposición de David puede ser interpretada como un rechazo a ese estilo de vida en el que los seres humanos no son tratados como ciudadanos con derechos plenos, sino como meros súbditos. Prueba de ello es la forma en la que esta empleada los trata, cumpliendo con su obligación de darles cobijo, pero privándolos de libertad.

Una vez Simón comienza a trabajar como estibador y entabla cierta amistad con Álvaro, un compañero de trabajo, le pregunta dónde podría conseguir algo de carne para alimentar a David, dado que su dieta se basa exclusivamente en pan y este le responde: «There are people who catch rats, I have heard tell. There is no shortage of rats [...]. 'Rats?' 'Yes. Haven't you seen them? Wherever there are ships there are rats'» (2013, 36-37). No resulta sorprendente que esta opción no le parezca viable y, aunque hay continuas referencias a que el niño está hambriento, los habitantes de Novilla responden que debe adaptarse a ese único alimento, a pesar de que no hay carencia de comida: «'He is hungry all the time.' 'Don't worry, he will adapt. Children adapt quickly.' 'Adapt to being hungry? Why should he adapt to being hungry when there is no shortage of food?'» (2013, 27).

Una vez se mudan a Estrella en *The Schooldays*, seguramente el momento vital más feliz de David, el niño puede saciar su apetito en la granja con algunos platos que Simón le prepara con otros alimentos:

> His own command of the art of cooking is rudimentary, but fortunately the boy is so hungry these days that he eats whatever is put before him. He gobbles down huge helpings of mashed potato with green peas; he looks forward eagerly to roast chicken at the weekends. (2013, 79-80)

Sin embargo, en *La muerte de Jesús* David se queja de la comida de la enfermería del orfanato, que consiste en cereales por la mañana y sopa de pan por la noche, pero cuando Simón e Inés lo llevan a casa y ella se ofrece a darle de cenar, el niño responde:

> -Ya no como carne de pollo.
> -¿Eso te enseñan en el orfanato, que no debes comer carne de pollo?
> -Lo aprendí yo solo.
> -Has perdido mucho peso. Es necesario que recuperes fuerza.
> -No necesito fuerza.
> -Todos necesitamos fuerza. ¿Qué te parece algún pescado sabroso?
> -No. Los peces también son seres vivos.
> -Las papas también. Y las arvejas. Están vivas de alguna manera. Si te niegas a comer cosas vivas, te consumirás y te morirás. (2019, 55-56)

Parte de la singularidad del niño radica en su aspiración ética, pero también en que parece ser el único que comprende que la sociedad donde arriban de su viaje se fundamenta en unas estructuras de poder que no permiten el pensamiento libre ni el individualismo, ni respetan los derechos básicos de los ciudadanos.

4. CONCLUSIÓN

En este capítulo hemos defendido que la trilogía de Jesús no solo se sigue centrando en cuestiones éticas, sino que ofrece, por primera vez, un intenso y significativo diálogo con ideas de filósofos clásicos —especialmente de Platón y Pitágoras, de los que Coetzee se sirve para exaltar el mundo de los sentidos y lo espiritual— y demuestra que la literatura puede servirnos para ilustrar ideas filosóficas complejas. Además, significa un nuevo camino en la obra de Coetzee. Mientras que la mayoría de sus novelas están ambientadas en sociedades desgarradas por distintas formas de discriminación institucionalizada (no solo la Sudáfrica del *apartheid* o *postapartheid*, sino también otros lugares alegóricos), *The Childhood*, *The Schooldays* y *La muerte de Jesús* tienen como trasfondo un escenario aparentemente realista —aunque haya constantes alusiones al mundo espiritual—, donde supuestamente reina la buena voluntad. Tras esa apariencia, el Estado parece ocuparse del bienestar de sus ciudadanos, pero esconde sutilmente una violencia normalizada donde no hay lugar para el individualismo, que se perpetúa mediante los actos de sus habitantes.

Además, las novelas pueden ser interpretadas como una precuela de la Biblia. Quizás no es casualidad que este sea uno de los textos en los que se asientan nuestras sociedades occidentales y la evangelización, el acto de predicar un mensaje de supuesta buena voluntad, esconde muchos otros intereses. En contraposición, David continúa aferrándose al argumento de *Don Quijote*, historia que le proporciona un mundo paralelo al que el niño se empeña en pertenecer, una vía de escape de la realidad anodina y adoctrinante en la que vive, un alimento mucho más completo que el pan —símbolo religioso— que le obligan a ingerir en tantas ocasiones, aunque no haya escasez de comida.

Por otra parte, las tres novelas examinan el carácter de la existencia humana y ofrecen una incisiva crítica al racionalismo desde diferentes perspectivas. Coetzee demuestra que el escepticismo ante la racionalidad puede ayudarnos a descubrir la compasión, la generosidad y, finalmente, la gracia. Del mismo modo, *The Schooldays* explora una visión escéptica de la pasión incontrolada; ni el lógico Simón ni el apasionado Dmitri son buenos modelos para explicar el mundo y ambos demuestran ser ejemplos inadecuados de crianza. Mientras Simón y Dmitri representan la influencia de la razón y la pasión desaforada en un ser humano, David, un niño singular, ajeno a las normas de la civilización y un idealista, representa un alma pura capaz de comunicarse con el universo mediante el baile y escuchar la música de las esferas.

Aunque el racional Simón no ha sido capaz de convertirse en un padre adecuado para David ni de evitar su muerte, el niño, con su visión del mundo, ha ejercido su propia influencia sobre Simón, ha ayudado a su padre sustituto —y también a los lectores— a aprender una de las lecciones más importantes de todas, tal vez que todos formamos parte de la inmensidad de un universo compartido que no podemos controlar ni comprender completamente en términos racionales.

Cuando fallece, Dmitri, que siempre se declaró su fiel seguidor, comienza a hacer correr el rumor de que el niño le dejó un mensaje de suma importancia para que él lo difundiera. Simón se pregunta si él no transmitió «ese mensaje suyo a través de la danza» (2019, 171). Lo cierto es que las dos últimas novelas exaltan la danza y la música como formas de comunicación más eficaces que el lenguaje humano, algo que Coetzee ha abordado en obras anteriores, pero que aparece en estas últimas de forma mucho más desarrollada. David Lurie ya había mencionado en *Disgrace*: «His own opinion, which he does not air, is that the origins of speech lie in song, and the origins of song in the need to fill out with sound the overlarge and rather empty human soul» (1999, 4). Si la música es un elemento muy revelador en el despertar ético de Lurie, es también, como explica Dooley, un símbolo del alma humana atrapada en las dudas y dificultades de la vida (2000, 26)[41].

[41] Brian Macaskill (2014) se ha enfocado en la interpretación polifónica de las obras de Coetzee y Gillian Dooley llega a la conclusión de que: «one of the clues to Coetzee's enduring popularity is the musical quality of his prose which sings itself from the page directly into the reader's mind and soul (2020, 33).

La idea de que la música es un poderoso lenguaje universal ya aparecía en *Foe,* donde Susan, su protagonista, aprende a tocar una melodía que inventa Friday para comunicarse con él, dado que este personaje carece de lengua. Aunque ella la entona cuando Friday comienza a tocarla con una flauta, no lo hacen de forma coordinada: «The music we made was not pleasing: there was a subtle discord all the time, though we seemed to be playing the same notes» (1986, 96). Como si de una conversación se tratara (se puede entender que esas notas son los signos lingüísticos que utilizamos en nuestros idiomas), Susan cree que la comunicación es efectiva:

> I am not conversing with Friday, but is this not as good? Is conversation not simply a species of music in which first the one takes up the refrain and then the other? Does it matter what the refrain of our conversation is any more than it matters what tune it is we play? (1986, 96)

De esta manera, Susan reflexiona: «As long as I have music in common with Friday, perhaps he and I will need no language» (1986, 97).

La música, exalta Coetzee en estas tres obras, nos ayuda a convertir el mundo en un lugar más hermoso, pero es además un lenguaje libre de jerarquías y uno que nos llega: «as a gift, unearned, unmerited, for free» (2007, 221).

Referencias bibliográficas

Afanador, Luis Fernando (2013), «Doce preguntas a Coetzee», *Semana*. Recuperado de: < http://www.semana.com/cultura/articulo/doce-preguntas-jm-coetzee/337643-3 >.

Alberti, Rafael (1929), «Los ángeles colegiales», *Sobre los ángeles*. Recuperado de: < https://www.cervantesvirtual.com/obra-visor/sobre-los-angeles-1929-seleccion--0/html/003593b2-82b2-11df-acc7-002185ce6064_2.html >.

Álvarez Sánchez, Patricia (2019), «The Limits of Reason in J.M. Coetzee's *The Schooldays of Jesus*», *Miscelánea: A Journal of English and American Studies*, n.º 60, pp. 107-126.

— (2018), «An Interview with Hermann Wittenberg», *Nexus*, n.º 2, pp. 96-100.

— (2017), «Accomplishments and Inaccuracies in J. M. Coetzee's *In the Heart of the Country*'s Translation into Spanish», en *Sobre la práctica de la traducción y la interpretación en la actualidad*, Emilio Ortega Arjonilla (dir.), vol. 5, Granada, Comares, pp. 535-551.

— (2015), «J. M. Coetzee's *In the Heart of the Country*: Is Magda a New Don Quixote?», en *English and American Studies in Spain: New Develpments and Trends,* Alberto Lazaro Lafuente y María Dolores Porto Requejo (eds.), Alcalá de Henares, Editorial Universidad de Alcalá, pp. 60-68.

Amir, Ayala (2015), «What Used to Lie Outside the Frame: Boundaries of Photography, Subjectivity and Fiction in Three Novels by J.M. Coetzee», *Journal of Literary Studies*, vol. 29, n.º 4, pp. 58-79. DOI: <http://dx.doi.org/10.1080/02564718.2013.856656>.

Attridge, Derek (2004), *J. M. Coetzee and the Ethics of Reading. Literature in the Event.* Chicago, The University of Chicago Press.

Attwell, David (2018), «Opening Words at the Exhibition: Photographs from *Boyhood*» [Conferencia inaugural]. Recuperado de: <https://www.youtube.com/watch?v=D4Di-KuISXEI&t=25s >.

— (2015), *J.M. Coetzee and the Life of Writing*, Nueva York, Viking Press.

— (1993), *J. M. Coetzee: South Africa and the Politics of Writing*, Berkley, University of California Press.

— (1988), «'Dialogue' and 'Fulfilment' in J.M. Coetzee's *Age of Iron*», en *Writing South Africa. Literature, Apartheid, and Democracy, 1970-1995*, Derek Attridge y Rosemary Jolly (eds.), Cambridge, Cambridge University Press, pp. 166-179.

Attwell, David, Derek Attridge, Elleke Boehmer y Robert Pippin (2022), « Migrant being in the Jesus novels» [Podcast]. Recuperado de: <https://www.litnet.co.za/full-particulars-podcast-migrant-being-in-the-jesus-novels/?fbclid=IwAR1his-YAQAH4uelZssv9SBOWlmsMuD54J7N-B2B0TON-2Llyy5DqIUUgsaoA>.

Auster, Paul y J. M. Coetzee (2014), *Here and Now: Letters (2008-2011)*, Nueva York, Penguin.

Azúa, Felix de (2020), «Salvar al perro», *Variaciones. Coetzee,* Madrid, Fundación Formentor, pp. 15-29.

Bailey, Paul (1999), «Sex and Other Problems», *The Independent*. Recuperado de: <http://www.independent.co.uk/arts-entertainment/books/features/sex-and-other-problems-743456.html>.

Barnard, Rita (2014), «Introduction», en *The Cambridge Companion to Nelson Mandela,* Rita Barnard (ed.), Nueva York, Cambridge University Press, pp. 1-28.

— (2009), «Coetzee in/and Afrikaans», *Journal of Literary Studies,* vol. 25, n.º 4. pp. 84-105. DOI: <https://doi.org/10.1080/02564710903226692>.

— (2003), «J. M. Coetzee's *Disgrace* and the South African Pastoral», *Contemporary Literature*, vol. 44, n.º 2, pp. 199-224. DOI: <https://doi.org/10.2307/1209095>.

Baudelaire, Charles (1857), «L'invitation au voyage», *Les fleurs du mal*. Recuperado de: < http://fleursdumal.org/poem/148>.

Boehmer, Elleke (2008), *Nelson Mandela: A Very Short Introduction,* Oxford, OUP.

— (2006), «Sorry, Sorrier, Sorriest. The Gendering of Contrition in J. M. Coetzee's *Disgrace*», en *J. M. Coetzee and the Idea of the Public Intellectual,* Jane Poyner (ed.), Athens, Ohio University Press, pp. 135-147.

— (2002), «Not Saying Sorry, Not Speaking Pain: Gender Implications in *Disgrace*», *Interventions,* vol. 4, n.º 3, pp. 342-351.

Boehmer, Elleke, Lynda Ng y Paul Sheehan (2016), «The World, the Text and the Author: Coetzee and Unstranslatability», *European Journal of English Studies*, vol. 20, n.º 2, pp. 193-194.

Bonner, Philip (2014), «The Antinomies of Nelson Mandela», en *The Cambridge Companion to Nelson Mandela,* Rita Barnard (ed.), Nueva York, Cambridge University Press, pp. 29-40.

Brandoli, Javier (2011), «Violaciones correctivas a lesbianas: vamos a enseñarte una lección», *El Mundo*. Recuperado de: < http://www.elmundo.es/elmundo/2011/03/25/solidaridad/1301053048.html>.

Bruyckere, Berlinde de y J. M. Coetzee (2013), *Cripplewood*, Bruselas, Fonds Mercator.

Carpio, Ricardo (2020), «Coetzee, John Maxwell. *La muerte de Jesús*» [Reseña], *Perífrasis. Revista de literatura, teoría y crítica*, vol. 11, n.º 22, pp. 134-136. DOI: <http://dx.doi.org/10.25025/perifrasis202011.22.09>

Casey Sutcliffe, Patricia (2009), «Saying it Right in *Disgrace*: David Lurie, Faust and the Romantic Conception of Language», en *Encountering Disgrace. Reading and Teaching Coetzee's Novel*, Bill McDonald (ed.), Rochester, Candom House, pp. 173-201.

Cheney, Matthew (2015), «Coetzee in the Promised Land». Recuperado de: <http://quarterlyconversation.com/jm-coetzee-disgrace-karel-schoeman-promised-land>.

Chivite de León, María José (2008), «En voz media. reflexiones teóricas de J. M. Coetzee», en *J. M. Coetzee*, en Fernando Galván (ed.), Santa Cruz de Tenerife, La Página Ediciones, pp. 185-204.

Clarkson, Carrol (2011), «Coetzee's Criticism», en *A Companion to the Works of J. M. Coetzee*, Tim Mehigan (ed.), Nueva York, Camden House, pp. 222-234.

— (2009), «J. M. Coetzee and the Limits of Language», *Journal of Literary Studies*, vol. 25, n.º 4, pp- 121-139. DOI: <https://doi.org/10.1080/02564710903226817>.

Coetzee, J. M. (2022), *El polaco*, Mariana Dimópulos (trad.), Madrid, El hilo de Ariadna.

— (2020), *Retratos de infancia,* Aurora Echevarría Pérez (trad.), Hermann Wittenberg (ed.), Madrid, Penguin Random House.

— (2019), *La muerte de Jesús,* Elena Marengo (trad.), Barcelona, Penguin Random House.

— (2018a), «Remembering Photography» [Entrevista con Hermann Wittenberg]. Recuperado de: <http://ideainaforest.org/design/photographs-from-boyhood/>.

— (2018b), *Siete cuentos morales*, Elena Marengo (trad.), Barcelona, Penguin Random House.

— (2016). *The Schooldays of Jesus*, Londres, Penguin.

COETZEE, J. M. (2015), «Los libros que me hicieron escribir», Cristina Piña (trad.), *Clarín*. Recuperado de: <https://www.clarin.com/literatura/j-_m-_coetzee-biblioteca_personal_0_SyPJzPcDmx.html>.

— (2013), *The Childhood of Jesus*, Londres, Vintage.

— (2009), *Summertime: Scenes from Provincial Life*, Londres, Vintage.

— (2007a), *Diary of a Bad Year*, Londres, Vintage.

— (2007b) «Platero y yo», *Tonos Digital. Revista Electrónica de Estudios Filológicos*, n.º 14.

— (2006), «Roads to Translation: How a novelist relates to his translators», en *The Best Australian Essays*, Drusilla Modjeska (ed.), Melbourne, Black, pp. 213-225.

— (2005), *Slow Man*, Londres, Vintage.

— (2003a), *Elizabeth Costello*, Nueva York, Viking Penguin.

— (2003b), «He and His Man: The 2003 Nobel Lecture», *World Literature Today*, pp. 16-20. Recuperado de: <http://www.nobelprize.org/nobel_prizes/literature/laureates/2003/coetzee-lecture-e.html>.

— (2002a), *Youth*, Londres, Penguin.

— (2002b), «What is a Classic?», *Stranger Shores: Essays 1986-1999*. Londres, Vintage, pp. 6-19.

— (2001), «J. M. Coetzee with Peter Sacks» [Entrevista con Peter Sacks]. Recuperado de: <http://vimeo.com/12812247>.

— (1999 [2000]), *Disgrace*, Londres, Vintage.

— (1997), *Boyhood: Scenes from Provincial Life*, Londres, Vintage.

— (1992), *Doubling the Point. Essays and Interviews*, David Attwell (ed.). Cambridge, Harvard University Press.

— (1990 [1998]), *Age of Iron*, Londres, Penguin.

— (1988), «The Novel Today», *Upstream*, vol. 6, n.º 1, pp. 2-5.

— (1986 [1987]), *Foe*, Londres Penguin.

— (1985), «An Interview with J. M. Coetzee» [Entrevista con Jean Sévry], *Commonwealth: Essays and Studies*, vol. 8 n.º 1, pp. 1-7.

— (1983 [1998]), *Life & Times of Michael K*, Londres, Vintage.

— (1977 [2004]), *In the Heart of the Country*, Londres, Vintage.

COETZEE, J. M. y Arabella Kurz (2015), *the good story: exchanges on truth, fiction and psychotherapy*, Londres, Vintage.

COETZEE, J. M. y Hermann WITTENBERG (2014), *Two Screenplays: Waiting for the Barbarians and In the Heart of the Country*, Ciudad del Cabo, University of Cape Town Press.

COLLELLMIR MORALES, Dolors y Diego DELGADO DUATIS (2008), «Caracterización en J. M. Coetzee: ejercicio creativo y ético-intelectual», en *J. M. Coetzee*, Fernando Galván (ed.), Santa Cruz de Tenerife, La Página Ediciones, pp. 103-126.

CROUS, Marius (2013), «To map across from one language to another: J. M. Coetzee's translation of *Die kremetartekspedisie*», *Literator*, vol. 34, n.º 1. DOI: <https://doi.org/10.4102/lit.v34i1.146>.

—(2006), «Male-male Relationships in J. M. Coetzee's Disgrace», *Journal of Literary Criticism, Comparative Linguistics and Literary Studies*, vol. 27 n.º 2, pp. 21-38. DOI: <https://doi.org/10.4102/lit.v27i2.191>.

DERRIDA, Jacques (1996), *Le monolinguisme de l'autre: Ou la prothèse d'origine*, París, Galilée.

DIEHL, Lindsay Ann (2012), *In the Name of Love: David Lurie's Romanticized Violence in J. M. Coetzee's Disgrace*. Recuperado de: <https://open.library.ubc.ca/soa/cIRcle/collections/ubctheses/24/items/1.0072993>.

DIMITRIU, Ileana (2014), «J M Coetzee's *The Childhood of Jesus*: A Postmodern Allegory?», *Current Writing: Text and Reception in Southern Africa*, vol. 26, n.º 1, pp. 70-81. DOI: <https://doi.org/10.1080/1013929X.2014.897819>

— (2018), «J. M. Coetzee's *The Schooldays of Jesus* (2016): A Novel of Ideas?», *Current Writing: Text and Reception in Southern Africa*, vol. 30, n.º 1, pp. 55-68. DOI: <https://doi.org/10.1080/1013929X.2018.1439865>

DOMÍNGUEZ, César (2022), «J. M. Coetzee as Latin American Writer: Simultaneous Translation – Foreignness–World Literature», en *Universal Localities. The Languages of World Literature*,

Galin Tihanov (ed.), Berlín, J.B. Metzler, pp. 97-124.

Dooley, Gillian (2020), «"The Origins of Speech Lie in Song": Music as Language in Coetzee's *Age of Iron*», *Le Simplegadi*, vol. XVIII, n.º 20, pp. 26-34. DOI: <https://doi.org/10.17456/SIMPLE-153>.

Dovey, Teresa (1987), «Coetzee and His Critics: The Case of *Dusklands*», *English in Africa*, vol. 14, n.º 2, pp. 15-30.

Dreschler, Wolfgang (2010), «Überlebt Mandelas Traum den afrikanischen Alltag?» *Handelsblatt*. Recuperado de: <https://www.handelsblatt.com/meinung/kommentare/wm-in-suedafrika-ueberlebt-mandelas-traumland-den-afrikanischen-alltag-seite-3/3447108-3.html>.

Drichel, Simone (2011), «*Disgrace* (1999)», en *A Companion to the Works of J. M. Coetzee*, Tim Mehigan (ed.), Nueva York, Camden House, pp. 148-171.

Eco, Umberto (2003), *Decir casi lo mismo: la traducción como experiencia*, Helena Lozano Miralles (trad.), Barcelona, Lumen.

Etherington, Ben (2020), «Worlds, World-Making, and Southern Horizons», en *The Cambridge Companion to Coetzee*, Jarad Zimbler (ed.), Cambridge, Cambridge University Press, pp. 168-184.

Farrant, Marc (2020), «J. M Coetzee's *The Death of Jesus*» [Reseña], *Music and Literature*. Recuperado de: <https://www.musicandliterature.org/reviews/2020/4/15/jm-coetzees-the-death-of-jesus?fbclid=IwAR2TA_yGNbkFukhZC5OCrA4bfDSt5JSNZiog58fcDR5_7VWzLaMFM6yKSrQ>.

Ferguson, Kitty (2008 [2011]), *Pythagoras: His Lives and the Legacy of a Rational Universe*, Londres, Faber & Faber.

Fernández Villanueva, Concepción y Panagiota Koulianou-Manolopoulou (2008), «Relatos culturales y discursos jurídicos sobre la violación», *Atenea Digital*, n° 14, pp. 1-20. Recuperado de: <https://atheneadigital.net/article/view/n14-koulianou-fernandez>.

Flaubert, Gustave (1856 [2019]) *Madame Bovary*, París, Le Livre de Poche.

Galván, Fernando (ed.) (2008), «Coetzee: alegorías y metáforas de un escritor en el exilio», en *J. M. Coetzee*, Fernando Galván (ed.), Santa Cruz de Tenerife, La Página Ediciones, pp. 103-126.

García, Javier (2019), «J. M. Coetzee recordó a Neruda y Mistral en la UC», *La Tercera*. Recuperado de: <https://arquitectura.uc.cl/proyectos/noticias/3924-jm-coetzee-finaliza-trilogia-literaria-y-entregara-premio-de-nivel-nacional-en-chile-la-tercera.html>.

Gevisser, Mark (2011), «The South African Women Living in Fear of Rape», *The Guardian*. Recuperado de: <http://www.guardian.co.uk/commentisfree/2011/may/14/south-african-women-fear-rape?INTCMP=SRCH>.

Gorra, Michael (1999), «After the Fall» [Reseña], *The New York Times*. Recuperado de: <http://www.nytimes.com/books/99/11/28/reviews/991128.28gorrat.html?_r=1>

Gordimer, Nadine (1984 [1998]), «The Idea of Gardening», *Critical Essays on J. M. Coetzee*, Sue Kossew (ed.), Nueva York, G. K. Hall & Co., pp. 139-144.

Graham, Lucy (2003), «Reading the Unspeakable: Rape in J. M. Coetzee's *Disgrace*», *Journal of Southern African Studies*, vol. 29, n.º 2, pp. 433-444.

Harmsen, Frieda (1985), *Mirando el arte sudafricano: Una guía para el estudio y la apreciación del arte*, Pretoria, JL Van Schaik.

Hayes, Patrick (2010), «Is This the Right Image of Our Nation? *Disgrace* and the Seriousness of the Novel», *J. M. Coetzee and the Novel: Writing Politics after Beckett*, Oxford, OUP, pp. 194-222.

Head, Dominic (2009), *The Cambridge Introduction to J. M. Coetzee*, Nueva York, Cambridge University Press.

Hermann, Arnold (2004), *To Think like God: Pythagoras and Parmenides*, Las Vegas, Parmenides Publishing.

Hieber, Jochen (2000), «Der Schock, gehasst zu werden», *Frankfurter Allgemeine Zeitung*. Recuperado de: <http://www.faz.net/aktuell/feuilleton/buecher/j-m-coetzee-schande-der-schock-darueber-gehasst-zu-werden-110453.html>

Hutcheon, Linda (1998), *A Poetics of Postmodernism: History, Theory, Fiction*, Londres, Routledge. DOI: <https://doi.org/10.4324/9780203358856>.

— (1989), *The Politics of Postmodernism*, Londres, Routledge.

Jewkes, Rachel, Yandisa Sikweyiya, Robert Morrell y Kristin Dunkle (2009), «Understanding Men's Health and Use of Violence: Interface of Rape and HIV in South Africa». Recuperado de: < https://www.researchgate.net/publication/265247853_Understanding_men%27s_health_and_use_of_violence_interface_of_rape_and_HIV_in_South_Africa>.

Jolly, Rosemary Jane (2006), «Going to the Dogs: Humanity in J. M. Coetzee's *Disgrace, The Lives of Animals*, and South Africa's Truth and Reconciliation Commission», en *J. M. Coetzee and the Idea of the Public Intellectual*, Jane Poyner (ed.), Athens, Ohio University Press, 148-171.

Kannemeyer, J.C. (2013), *J. M. Coetzee. A Life in Writing*, Londres, Scribe.

Kemp, Peter (2020), «The Death of Jesus by JM Coetzee review – high priest of obfuscation» [Reseña], *The Times*. Recuperado de: < https://www.thetimes.co.uk/article/the-death-of-jesus-by-jm-coetzee-review-high-priest-of-obfuscation-x7twj92lj>.

Kirsch, Adam (2020), «J.M. Coetzee's Jesus Novels» [Reseña], *The Tablet Magazine*. Recuperado de: <https://www.tabletmag.com/sections/arts-letters/articles/adam-kirsch-j-m-coetzee-jesus?-fbclid=IwAR0RdANOx_RwWWlzsBLyeP-ObjhA52UC2YpFqQo-_GMKN-0EdxpRSX7wd1E>.

Knott, Maria Luise (2020), «There Is No Other Place: J. M. Coetzee's Jesus Trilogy» [Reseña], Alexander Booth (trad.), *Los Angeles Review of Books*. Recuperado de: <https://lareviewofbooks.org/article/there-is-no-other-place-j-m-coetzees-jesus-trilogy/?fbclid=IwAR0utiIR1BQ9hkaOss-V1PcPsIL8jYSMvIFqOGxQkxiCb2ZCIK6IO-Z34plFM>.

Lear, Jonathan (2010), «Ethical Thought and the Problem of Communication. A Strategy for Reading *Diary of a Bad Year*», en *J. M. Coetzee and Ethics: Philosophical Perspectives on Literature*, Anton Leist y Peter Singer (eds.), Nueva York, Columbia University Press, pp. 65-88.

Lehmann-Haupt, Christopher (1999), «Books of the Times. Caught in Shifting Values and Plots», *The New York Times*. Recuperado de: <http://www.nytimes.com/1999/11/11/books/books-of-the-times-caught-in-shifting-values-and-plot.html>.

Leist, Anton and Peter Singer (2010), «Introduction: Coetzee and Philosophy», en *J. M. Coetzee and Ethics: Philosophical Perspectives on Literature*, Anton Leist y Peter Singer (eds.), Nueva York, Columbia University Press, pp. 1-18.

López, María J. (2013a), «J. M. Coetzee's *Summertime*: Mistranslation, Linguistic Unhousedness, and the Extraterritorial Literary Community», *Atlantis: Journal of the Spanish Association of Anglo-American Studies*, vol. 35, n.º 1, pp. 51-67.

— (2013b), «Miguel de Cervantes and J. M. Coetzee: An Unacknowledged Paternity», *Journal of Literary Studies*, vol. 29, n.º 4, pp. 80-97.

López Sánchez-Vizcaíno, María Jesús (2014), «"Their Travels Were Real Travels": History and Fiction in J. M. Coetzee's "The Narrative of Jacobus Coetzee and in European Exploration Narratives in Southern Africa"», *The Grove*, n.º 21, pp. 101-116. DOI: < DOI:10.17561/grove.v0i21.1738>.

— (2010), «Introducción», en *La escritura de lo inhóspito*, María Jesús López Sánchez-Vizcaíno (ed.), Madrid, Abada Editores, pp. 5-18.

Lowry, Elizabeth (1999), «Like a Dog» [Reseña], *London Review of Books,* vol. 21 n.º 20, pp. 12-14.

Macaskill, Brian (2014), «Fugal Musemathematics Track One, Point One: J. M. Coetzee, Ethics, and Joycean Counterpoint», *Word and Text. A Journal of Literary Studies and Linguistics*, vol. IV, n.º 1, pp. 158-175.

Manresa, Kim y Xavi Ayén (2018), *Paseos de Nobel* [Exposición], Barcelona.

MARAIS, Mike (2013), «Reading against Race: J.M. Coetzee's *Disgrace*, Juston Cartwright's White Lighting and Ivan Vladislavic's The Restless Supermarket», *Journal of Literary Studies*, vol. 19, n.º 3, pp. 271-289. DOI: <https://doi.org/10.1080/02564710308530332>.

MARÍAS, Javier (2001), «John maxwell Coetzee, Duke of Deshonra». Recuperado de: <http://www.javiermarias.es/COETZEE/coetzeenobel.html>.

MARSHALL, John. (1891 [2016]), *A Short History of Greek Philosophy*, Nueva York, Philosophical Library.

MARTÍN SALVÁN, Paula (2010), «*En medio de ninguna parte*: J. M. Coetzee como autor postmodernista», en *La escritura de lo inhóspito*, María Jesús López Sánchez-Vizcaíno (ed.), Madrid, Abada Editores, pp. 131-162.

MARTÍNEZ, Javi (2019), «Coetzee: larga y tortuosa alegoría de Jesús» [Reseña], *El Mundo*. Recuperado de: <https://www.elmundo.es/cultura/laesferadepapel/2019/06/14/5cfa802821efa0ec2b8b4664.html>.

McCLAY, B. D. (2020), «What would J. M. Coetzee's Jesus do?» [Reseña], *The New Yorker*. Recuperado de: <https://www.newyorker.com/books/under-review/what-would-j-m-coetzees-jesus-do>.

McDONALD, Bill (ed.) (2009), *Encountering Disgrace. Reading and Teaching Coetzee's Novel,* Rochester, Candom House.

MOCHULSKY, Konstantin (1981), *Introductory Essay* to *The Brothers Karamazov*, Nueva York, Bantan Books, pp. 5-20.

MOSCA, Valeria (2016), «Ideas and Embodied Souls: Platonic and Christian Intertexts in J. M. Coetzee's *Elizabeth Costello* and *The Childhood of Jesus*», *J. M. Coetzee and the non- English literary traditions, European Journal of English Studies,* vol. 20, n.º 2, pp. 127-138. DOI: <https://doi.org/10.1080/13825577.2016.1183418>.

O'NEILL, Kevin (2009), «The Dispossession of David Lurie», en *Encountering* Disgrace. *Reading and Teaching Coetzee's Novel*, Bill McDonald (ed.), Rochester, Candom House, pp. 202-222.

PATTON, Paul (2004), «Becoming-animal and Pure Life in Coetzee's *Disgrace*», *Ariel:* *A Review of International English Literature*, pp. 101-109.

PELOSI, Francesco (2010), *Plato on Music, Soul and Body*, Cambridge, Cambridge University Press.

PIPPIN, Robert (2010), «The Paradoxes of Power in the Early Novels of J. M. Coetzee», en *J. M. Coetzee and Ethics: Philosophical Perspectives on Literature*, Anton Leist y Peter Singer (eds), pp. 19-42.

PRESTON, Alex (2019), «*The Death of Jesus* by JM Coetzee review - a barren end to a bizarre trilogy» [Reseña], *The Guardian*. Recuperado de: <https://www.theguardian.com/books/2019/dec/31/the-death-of-jesus-jm-coetzee-review>.

ROSS, Fiona (2006), «La elaboración de una Memoria Nacional: la Comisión de la Verdad y Reconciliación de Sudáfrica», *Cuadernos de Antropología Social*, n.º 24, pp. 51- 68.

RUSHDIE, Salman (2000), «May 2000: J.M. Coetzee» [Reseña]. Recuperado de: <https://coetzee.livejournal.com/566.html?fbclid=IwAR3vw5OkqjteVajEAoMSRxWXGdk3Ln-6qGnVk1E4EJS4kF-QCYFB5go1m6MI>.

RUSSELL, Bertrand (1945 [1972]), *A History of Western Philosophy and Its Connections with Political and Social Circumstances from the Earliest Times to the Present Day*, Nueva York, Simon and Schuster.

SCHOORLEMMER, Dinie (2008), «Not like a Dog: A New Reading of Lucy, a New Reading of *Disgrace*». Recuperado de: <http://www.argief.litnet.co.za/cgi-bin/giga.cgi?cmd=cause_dir_news_item&cause_id=1270&news_id=36858&cat_id=167 >.

SMITH, Charlene (1999a), «Cry freedom, cry rape», *The Guardian*. Recuperado de: < https://www.theguardian.com/world/1999/apr/11/theobserver4>.

— (1999b), «Rape epidemic», *The Guardian*. Recuperado de: <https://www.theguardian.com/theguardian/1999/nov/23/guardiananalysispage>.

SMITH, David (2011), «We have a Major Problem in South Africa». *The Guardian*. Recuperado de: <http://www.guardian.co.uk/lifeandstyle/2010/nov/18/south-africa-murder-rape?INTCMP=SRCH>.

Spivak, Gayatri Chakravorty (2002), «Ethics and Politics in Tagore, Coetzee, and Certain Scenes of Teaching», *Diacritics,* vol. 32, n.º 3-4, pp. 17-31.

Stefanova Radoulska, Svetlana (2015), «"Positioning is, above all, a matter of representation": J. M. Coetzee and the Transformative Power of Transgression», *Cultura, lenguaje y representación*, vol. 15, pp. 181-200.

Steiner, George (1975 [1998]), *After Babel: Aspects of Language and Translation*, Oxford, Oxford University Press.

— (1976), *Extraterritorial: Papers on Literature and the Language Revolution*, Nueva York, Atheneum.

Stratton, Florence (2002), «Imperial Fictions: J. M. Coetzee's *Disgrace*», *Ariel*, vol. 33, n.º 3-4, pp. 83-104.

Suárez Lafuente, María Socorro (2008), «Inscripciones culturales en el discurso literario: *En el corazón del país/En medio de ninguna parte*, de Coetzee», en *J. M. Coetzee*, Fernando Galván (ed.), Santa Cruz de Tenerife, La Página Ediciones, pp. 41-56.

Torné, Gonzalo (2020), «La Sra. Curren o la mejor idea que nunca tuvo nadie», *Variaciones. Coetzee*, Madrid, Fundación Formentor, pp. 103-117.

Vertuno, Jim (2011), «Texan University Holds JM Coetzee's Past to Ransom», *The Mail and Guardian*, Recuperado de: <https://mg.co.za/article/2011-10-10-texan-university-holds-jm-coetzees-past-to-ransom/>.

Vila-Matas, Enrique. «El estado de las cosas», *El País*, 1 diciembre 2012. Recuperado de: <http://www.enriquevilamatas.com/relecturas.html>.

Virgilio, Marón Publio (2011), *Virgilio en verso castellano: Bucólicas, Geórgicas, Eneida*, Aurelio Espinosa Pólit (trad.), Alicante, Biblioteca Virtual Miguel de Cervantes. Recuperado de: <https://www.cervantesvirtual.com/nd/ark:/59851/bmc2n5n8>.

Vlies, Andrew van der (2010), *J. M. Coetzee's Digrace*, Londres, Continuum.

Vogel, Cornelia de (1966), *Pythagoras and Early Pythagoreanism: An Interpretation of Neglected Evidence on the Philosopher Pythagoras*, Assen, Van Gorcum.

Whatley, Daniel, «*Diary of a Bad Year* by J. M. Coetzee» [Reseña]. Recuperado de: <http://quarterlyconversation.com/diary-of-a-bad-year-by-jm-coetzee-review>.

Wicomb, Zöe (2009), «*Slow Man* and the Real: A Lesson in Reading and Writing», *Journal of Literary Studies*, vol. 25, n.º 4, pp. 7-24.

Williams, Emma (2019), «Morals to Maths: Coetzee, Plato and the Fiction of Education», *British Journal of Educational Studies*, vol. 67, n.º 3, *Writers and their Education*. DOI: <https://doi.org/10.1080/00071005.2019.1651249>.

Wittenberg, Hermann (ed.) (2020), «Introducción» , en *Retratos de infancia*, Madrid, Penguin Random House.

— (2015), «Coetzee in California: Adaptation, Authorship and the Filming of *Waiting for the Barbarians*», *Safundi*, vol. 16, n.º 2. DOI: <https://doi.org/10.1080/17533171.2015.1007774>.

Woessner, Martin (2010), «Coetzee's Critique of Reason», en *J. M. Coetzee and Ethics: Philosophical Perspectives on Literature*, Anton Leist y Peter Singer (eds.), pp. 223-247.

Wood, James (2020), «Parables and Prices» [Reseña], *The New Republic*. Recuperado de: <http://www.powells.com/review/2001_05_10.html>.

Wright, Laura, Jane Poyner y Elleke Boehmer (2014), *Approaches to Teaching Coetzee's Disgrace and Other Works*, Nueva York, The Modern Language Association of America.

Wright, Laurence (2010), «David Lurie's Learning and the Meaning of J. M. Coetzee's *Disgrace*», en *J. M. Coetzee's Austerities*, Graham Bradshaw y Michael Neill Surrey (eds.), Wey Court East, Ashgate Publishing, pp. 147-162.

colección

INTERLINGUA

Director: PEDRO SAN GINÉS AGUILAR • ANA BELÉN MARTÍNEZ LÓPEZ